la bible des jus énergisants

Modus Vivendi

la bible des jus énergisants

Maria Costantino

MODUS VIVENDI

Paru sous le titre original de : The Handbook of Energy Drinks

Les Publications Modus Vivendi inc.
5150, boul. Saint-Laurent 1er étage
Montréal (Québec)
Canada
H2T 1R8

Design de la couverture : Marc Alain
Infographie : Modus Vivendi
Traduction : Dominique Chauveau

Dépôt légal : 1er trimestre 2005
Bibliothèque nationale du Québec
Bibliothèque nationale du Canada
Bibliothèque nationale de Paris

ISBN : 2-89523-331-4

Nous reconnaissons l'aide financière du gouvernement du Canada par l'entremise du Programme d'aide au développement de l'industrie de l'édition (PADIÉ) pour nos activités d'édition.
Gouvernement du Québec — Programme de crédit d'impôt pour l'édition de livres — Gestion SODEC

Table des matières

Boire à la santé

Tous les aliments fournissent de l'énergie à l'organisme, mais certains sont meilleurs que d'autres! Ils augmentent la vitalité, améliorent la force et l'estime de soi et régénèrent le corps de façon merveilleuse. Depuis des décennies, nos parents et les praticiens en santé nous recommandent de consommer plus de fruits et de légumes et moins d'aliments gras, sucrés, salés et fortement traités qui font dorénavant partie intégrante des habitudes alimentaires en Occident.

Ce conseil fondamental éclairé trouve de plus en plus de soutien dans l'intérêt croissant pour les « vrais aliments » et se reflète dans les suppléments en vitamines et en minéraux, dans l'augmentation du nombre de boutiques d'alimentation naturelle ainsi que dans le nombre croissant de livres et de revues offrant des conseils et des recommandations pour une alimentation saine. Nous savons que nous devrions consommer cinq portions de fruits et de légumes chaque jour, mais la plupart d'entre nous ne le font pas. À la place, nous diminuons la valeur de nos aliments en consommant trop de mauvais aliments et trop peu de bons aliments. Aux États-Unis, par exemple, l'adulte moyen consomme seulement une portion et demie de fruits et de légumes par jour, tandis qu'en Angleterre, 65 % de la population n'en consomme qu'une portion par jour ! Il n'est pas étonnant que nous nous plaignions de fatigue, d'épuisement, de maladie et de manque de joie de vivre !

Les recettes de ce livre, simples, rapides à préparer et relativement bon marché, sont des moyens efficaces de s'assurer de profiter, du moins un peu, des bienfaits de ces « cinq portions par jour ». En plus d'être délicieuses, elles augmenteront considérablement votre énergie lorsque vous en aurez besoin, vous détendront lorsqu'il sera temps de décompresser et aideront à maintenir votre corps en parfaite condition.

Les recettes sont à base de fruits, de légumes ou d'un mélange des deux. Les fruits et les légumes renferment plusieurs minéraux et vitamines essentiels dont nous avons besoin pour demeurer en santé et lutter contre la maladie. Dans le jus exprimé des fruits et des légumes, les nutriments crus qu'ils renferment – vitamines, minéraux, sucres, amidons et enzymes – forment une concentration pure sans les parois végétales fibreuses. De ce fait, l'organisme absorbe plus rapidement et plus facilement les jus, sans avoir à digérer la pulpe fibreuse. Si vous n'arrivez pas à manger un pamplemousse le matin, essayez de le consommer sous forme de jus. Un pamplemousse contiendra en moyenne 100 ml (3,5 oz liq.) d'un délicieux jus concentré en vitamines et en minéraux.

Les jus de fruits et de légumes sont une part importante d'un régime équilibré, mais ils ne sont pas complets en soi; les jus manquent de fibres, de lipides et de protéines qui sont aussi essentiels pour maintenir l'énergie et préserver une santé optimale.

Pourquoi des jus frais ?

Vous vous demandez peut-être pourquoi vous devez vous donner la peine de presser un pamplemousse ou une orange alors que vous pouvez acheter du jus tout préparé au supermarché. Des fruits et des légumes purs, fraîchement pressés ou dont on a exprimé le jus vous permettent d'apprécier toute leur saveur et ne contiennent rien d'autre que du jus pur. Vous pouvez acheter des « jus purs », mais lisez bien les étiquettes : les jus fraîchement pressés ou les produits dérivés de jus devraient être conservés au froid, car ils ne contiennent aucun agent de conservation et, de ce fait, ont une courte durée de vie sur les étagères. Les jus purs ne proviennent pas non plus de concentrés qui sont d'abord évaporés, puis dilués de nouveau, un processus par lequel ils perdent beaucoup de leurs nutriments essentiels ainsi qu'un peu de leur saveur et de leur arôme.

Méfiez-vous des contenants et des bouteilles qui affichent « boisson fruitée » ou « nectar »; ces boissons peuvent contenir seulement 5 % de jus et des édulcorants, des acides et des rehausseurs de saveur pour compenser le manque de fruits ! Comme pour les fruits, les jus de légumes tels que le jus de tomate et le jus de carotte peuvent être purs, faits à partir de concentrés ou dilués et comporter des additifs. Prenez donc le temps de lire les étiquettes !

Si vous ne voulez pas préparer vos propres jus, vous en trouverez dans plusieurs boutiques d'alimentation naturelle, mais le choix est souvent limité. Les jus d'orange et d'autres agrumes, tous comme les jus de pomme et de petits fruits sont souvent emballés en petites quantités. Par contre, vous vous rendrez compte que quelques jus de fruits et bien des jus de légumes purs sont introuvables. Alors, pourquoi vous priver des plaisirs et des bienfaits qu'offrent les mangues, les kiwis, les abricots et les carottes fraîchement pressés et même du goût étonnamment sucré de la betterave !

Extraire le jus de produits frais assure un jus pur et plein de saveur.

Les jus pressés, exprimés et en purée

Les jus de fruits et de légumes crus et entiers faits à la maison contiennent plus de nutriments essentiels qui rehaussent la vie et la santé que les jus achetés en magasin. Cela s'explique par le fait que les jus commerciaux sont habituellement pasteurisés pour prolonger leur durée de vie sur les tablettes.

Les agrumes frais – oranges, citrons et pamplemousses – pressés à partir du fruit entier et dégustés sans tarder contiendront plus de nutriments. Vous pouvez simplement les presser à l'aide d'un presse-agrumes ou encore les peler et les réduire en purée au robot de cuisine. Si vous le désirez, vous pouvez ensuite presser ou filtrer cette purée à travers un tamis fin pour éliminer la pulpe et les pépins des fruits. Vous pouvez également mélanger la purée avec un autre jus.

Les fruits qui contiennent beaucoup d'eau, comme les melons et les concombres, tout comme les fruits mous – petits fruits, abricots, kiwis, melons et tomates – peuvent aussi être réduits en jus de la

De nombreuses recettes dans cet ouvrage conviennent au robot de cuisine.

même façon; si vous vous êtes déjà demandé à quoi servaient toutes les pièces de votre robot de cuisine, vous serez étonné d'apprendre que vous avez à la portée de la main une lame pour extraire le jus qui fonctionne de la même façon qu'une centrifugeuse.

Les centrifugeuses

Avant de vous précipiter pour acheter le dernier modèle d'une machine à jus, qui se prête mieux aux exigences d'un restaurant ou d'un bar à jus, déterminez vos besoins avec exactitude : votre budget, les dimensions de votre cuisine, l'utilisation individuelle ou familiale que vous ferez de l'appareil, la vitesse et le volume et enfin la sorte de centrifugeuse que vous préférez. Ne paniquez pas ! Il y a deux sortes de machines à jus offertes habituellement à des prix pouvant aller de très abordables à exorbitants.

Comme pour toute chose dans la vie, vous en avez pour votre argent. Les centrifugeuses les plus efficaces pulvérisent littéralement les fruits et les légumes en les poussant à travers un filtre en métal avec une telle force que le jus se sépare de la pulpe – même chez les légumes apparemment les plus secs comme les navets et les panais. Parce que ces centrifugeuses peuvent extraire de plus grandes quantités de jus des fruits et des légumes, elles donnent des jus qui contiennent plus de nutriments. Ces appareils sont généralement assez volumineux et sont munis de couteaux qui tournent lentement et qui incorporent moins d'oxygène, ce qui permet de conserver les jus faits jusqu'à 24 heures au réfrigérateur.

Il existe aussi des centrifugeuses qui hachent finement et râpent le produit tout en le faisant tourner à une vitesse telle que la force centrifuge le pousse à travers un tamis de métal, séparant la pulpe du jus.

Ces appareils sont moins puissants et conviennent idéalement aux foyers. Par contre, ils sont un peu moins efficaces pour extraire tout ce qu'il y a de bon

Les centrifugeuses sont idéales pour un usage domestique

dans un produit. Les puristes clament que, contrairement aux appareils qui pulvérisent, ils exposent instantanément le jus à l'oxygène, ce qui le détériore. Voilà pourquoi on recommande de boire les jus sans tarder. Cependant, la plupart des gens trouvent que, peu importe l'appareil utilisé, le jus conservé dans un contenant hermétique au réfrigérateur aux environs de 2 à 4°C (35 à 38°F) se conservera pendant une journée.

Accessoires utiles

Certaines des recettes de cet ouvrage peuvent se faire à l'aide d'un mélangeur, mais quelques-unes nécessiteront l'utilisation d'une centrifugeuse. Commencez avec ce que vous avez sous la main puis, lorsque vous serez conquis, ajoutez une centrifugeuse à la liste de vos cadeaux d'anniversaire et dites-le à vos amis et à votre famille ! De plus, la plupart des gadgets et des accessoires se trouvent probablement déjà dans vos armoires de cuisine.

Les balances. Elles sont utiles lorsque vous devez tenir compte des quantités. La section À propos des aliments, qui traite de différents fruits et légumes, vous donnera une estimation de la quantité de jus que vous pouvez tirer de chacun d'eux, mais n'oubliez pas que la quantité dépendra aussi de votre centrifugeuse ainsi que de la taille et de la qualité des produits utilisés : ce qu'une personne trouve petit peut sembler énorme pour une autre.

Les brosses sont nécessaires pour nettoyer les fruits et les légumes avant de les

couper et d'en exprimer le jus. Il est important de toujours laver les fruits et les légumes avant de les utiliser. Une petite brosse – une brosse à dents est idéale – ou une brosse à bouteilles, c'est merveilleux pour atteindre les endroits de votre centrifugeuse qui sont difficiles à nettoyer.

Les couteaux économes. Ils sont sûrement déjà présents dans votre cuisine. Il faut peler certains fruits et légumes avant d'en extraire le jus – surtout s'il s'agit de produits non biologiques – et quelques-uns, comme l'adorable kiwi, peuvent entraîner des réactions allergiques. Dans la section À propos des aliments, vous trouverez les risques de réactions allergiques.

La planche à découper. Certains fruits et légumes doivent être coupés en morceaux pour aller dans la centrifugeuse ou dans le mélangeur – vous ne pourrez jamais y mettre un melon en entier !

Les râpes et les hachoirs. De nouveau, vous en avez probablement déjà dans votre cuisine. Utilisez la râpe pour râper les épices comme le gingembre et la muscade et les hachoirs pour les fines herbes.

La tasse à mesurer. Vous en aurez besoin pour mélanger les bonnes quantités de jus – du moins au début. Quand vous serez plus familier avec les différents jus de fruits et de légumes, vous serez capable de mesurer à l'œil ! Vous pouvez aussi utiliser la tasse à mesurer comme tasse à mélanger : exprimez le jus de chaque fruit ou légume séparément, puis mélangez-les dans la tasse avant de verser le tout dans un verre.

Les bouteilles et les contenants. Les jus de fruits et de légumes frais ne se conservent pas longtemps, même réfrigérés. Une fois exposés à l'air, ils commencent leur processus de décomposition. La seule façon de ralentir ce processus est de garder les jus dans un contenant hermétique au réfrigérateur à une température approximative de 2 à 4°C (35 à 38°F). Ils devraient ainsi se conserver pendant une journée et être aussi délicieux que lorsqu'ils viennent d'être pressés. Cependant, ne préparez pas de grandes quantités de jus à moins d'être certain de tout boire. Les jus frais, même réfrigérés, s'oxyderont et se détérioreront, ce qui est une perte de produit, de temps et d'énergie !

Les verres. Quoi que vous fassiez, évitez de prendre des gorgées de jus à la bouteille ! Vous finiriez par y transférer votre enzyme digestive primaire, la salive, et le jus commencerait à la digérer dans la bouteille ! Au restaurant ou dans un bar, les aliments et les boissons paraissent toujours bien et ont bon goût; il est difficile d'y résister ! Une grande part de la satisfaction que nous tirons d'un repas à l'extérieur est l'apparence des aliments; obtenez la même satisfaction chez vous en servant vos jus dans de jolis verres et en prenant le temps de démontrer votre sens artistique avec d'attrayantes garnitures.

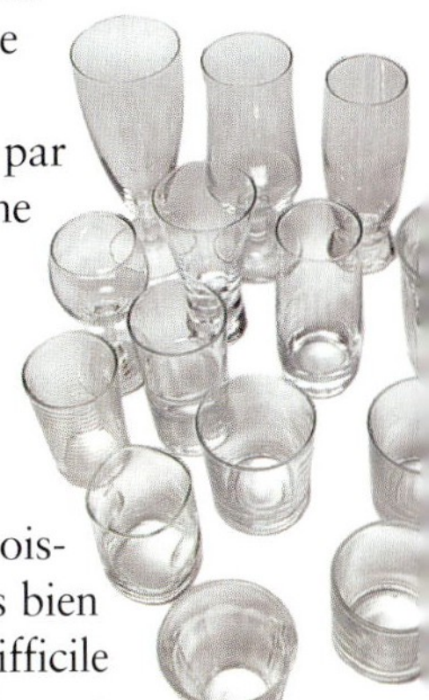

Une simple tranche de citron, d'orange ou de kiwi, un brin de menthe ou de citronnelle, une pincée de fines herbes ou quelques feuilles fraîches donnent un coup d'œil agréable et ouvriront l'appétit. Ajoutez-y une paille, un agitateur ou un agitateur comestible sous forme d'un bâton de concombre, de carotte ou de céleri – ou ajoutez un glaçon ou deux. Une des plus grandes joies de boire une boisson rafraîchissante un jour de canicule est d'y découvrir des glaçons faits de jus de pomme ou de jus de raisin avec à l'intérieur un raisin, un bleuet ou une fraise.

Quelle quantité de jus préparer ?

Rappelez-vous : profitez des jus en tant que partie intégrante d'un régime équilibré. La centrifugeuse élimine les fibres des fruits et des légumes et les jus à eux seuls ne peuvent pas combler tous les besoins en nutrition de l'organisme : nous avons tous besoin d'un équilibre de lipides, de glucides et de protéines pour permettre au corps de bien fonctionner et de rester en santé. Tandis que les jus de fruits sont très goûteux, il est important de boire des quantités égales de jus de légumes, sinon nous consommerions trop de sucre, présent sous forme de fructose dans tous les fruits.

La clé pour obtenir l'énergie et la vitalité des jus est bien entendu la modération. Deux verres de jus de fruits et de légumes fraîchement pressés sont suffisants; les nutritionnistes préviennent les nouveaux adeptes de ne pas prendre plus de 3 fois 225 ml (8 oz liq.) de jus frais par jour. Les jus de légumes peuvent être un bon moyen d'amener les enfants à consommer leurs légumes, mais limitez-les à 150 ml (5 oz liq.) par jour. Essayez de leur servir des jus dans de petits verres à liqueur qui peuvent les amuser et les habituer au goût. Allongez les boissons avec de l'eau minérale.

Les légumes vert foncé tels que les épinards et le brocoli et les légumes rouge foncé comme la betterave sont forts et possèdent un goût particulier. Ils se prennent mieux dans un rapport de une part de légumes vert foncé pour quatre parts de jus de carotte, de pomme ou même de concombre pour les adoucir. Les jus de carotte et de pomme sont formidables parce qu'ils se mélangent bien avec tout : généralement le mélange de jus de fruits et de légumes peut causer de la flatulence !

À propos des aliments

Les propriétés énergisantes et médicinales des aliments sont reconnues depuis des milliers d'années et la recherche scientifique moderne a trouvé des centaines de nutriments bénéfiques dans les aliments. Si nous transférons cette science des nutriments offerts dans la « pharmacie alimentaire » et de leur fonctionnement, nous pourrons tirer le plus grand profit de ce que nous mangeons.

À propos des aliments – les fruits

Les fruits sont une des façons les plus faciles et les plus délicieuses de se donner de l'énergie et d'augmenter la variété et la quantité de nutriments.

Les agrumes

Principaux fournisseurs de vitamine C, les agrumes comprennent les oranges, les citrons, les limes, les pamplemousses et les mandarines, qui regroupent aussi les tangerines, les satsumas et les clémentines.

L'orange

Cet agrume subtropical de couleur orange est considéré comme une baie en botanique ! Il existe deux sortes d'oranges, les oranges sucrées, ou de Chine, ce qui indique leur origine, et les oranges amères ou de Séville, en général utilisées dans la fabrication de la marmelade et des fameuses liqueurs à l'orange telles que le Grand Marnier. Les oranges ont voyagé depuis l'est, le long de la route des épices, jusqu'en Inde où leur nom sanskrit était *nagaranga* devenu *narang* en arabe. Les Portugais les ont introduites en Amérique et elles ont fait leur chemin vers les colonies d'Amérique du Sud. De nos jours, le Brésil est le plus important producteur de fruits pour les jus.

Reconnues pour leur teneur importante en vitamine C, les oranges renferment aussi du potassium et un peu de calcium. Leur cœur est une source exceptionnelle de bioflavonoïdes (vitamine P) qui renforce les parois des minuscules capillaires sanguins : dans les cas de scorbut, ces parois éclatent et la peau montre des signes de petites hémorragies partout sur le corps ! Les oranges navel, reconnaissables à leur nombril à l'extrémité florale, sont des oranges sans pépins qui proviennent du

Note

Les rendements de jus donnés pour les fruits et les légumes sont approximatifs. Si vous êtes malade, si vous avez ou croyez avoir une allergie ou une intolérance alimentaire, vous devez consulter un médecin. Les recettes suggérées ici NE remplacent PAS un avis médical ou des médicaments sur ordonnance !

Brésil et dont l'écorce épaisse se pèle facilement. Les oranges Valencia ont de nombreux pépins, mais une chair sucrée et juteuse, et sont excellentes pour les jus. Du sud-est de l'Espagne et de l'Italie proviennent les délicieuses oranges sanguines sucrées avec leur chair rouge orangé. Le fruit, la fleur et l'écorce des oranges sont depuis longtemps utilisés en médecine traditionnelle; l'écorce renferme de l'hespéridine et du limonène utilisés dans le traitement de la bronchite chronique. On raconte que Jupiter aurait offert à Junon une orange le jour de leur mariage, et la fleur est si odorante que bien des mariées l'incorporent dans leur bouquet de mariage.

Nutriments et ingrédients actifs : vitamines A, B6, C, thiamine, acide folique, magnésium, potassium, phosphore, fer, riboflavine, protéines, sucres.
Propriétés bénéfiques : antioxydante, antistress, abaisse le cholestérol, favorise l'absorption du fer.
Valeur nutritive (par portion) : environ 59 kcal.
Quantité requise pour obtenir 100 ml (3 1/2 oz liq.) de jus : 2.
Préparation : peler et diviser en quartiers.

Attention !

Certaines personnes migraineuses peuvent être sensibles à un ou à tous les agrumes. Il est recommandé d'éviter de consommer des oranges si vous souffrez d'arthrite rhumatoïde. Tous les agrumes, surtout les citrons, consommés avec excès peuvent épuiser les réserves en calcium des os et des dents.

Le citron

Originaires du nord-est de l'Inde, les citrons tiennent leur nom du mot hindustani *limu*. Le goût acide des citrons s'explique par le fait qu'ils renferment moins de sucre et plus d'acide citrique que les oranges – c'est pourquoi il est si désagréable de sucer un citron. De plus, la forte concentration en acide peut corroder les dents. Les citrons sont cependant un des remèdes les plus efficaces dans le traitement des rhumes, des grippes et des indigestions. Le citron aide à protéger la membrane muqueuse qui tapisse le tube digestif et on dit qu'il est un stimulant pour le foie et le pancréas. Ses propriétés antibactériennes en font un choix conventionnel dans les cas de gorges irritées lorsque le jus est bien dilué avec de l'eau chaude et avec une cuillerée de miel, mais du jus de citron pur peut assécher ! Dans les magasins d'alimentation, vous trouverez surtout deux principales variétés de citron : en hiver, le citron Lisbon à écorce lisse qui a une longue tétine à l'extrémité de la fleur; en été, le citron Eureka, de forme plus ronde.

Nutriments et ingrédients actifs : vitamines C, un peu de B, E, potassium, magnésium, calcium, phosphore, cuivre, zinc, fer, manganèse, bioflavonoïdes, limonène et mucilage.
Propriétés bénéfiques : antibactérien, antioxydant, antiallergique; abaisse les taux de lipides dans le sang et aide à maintenir la santé du cœur, des nerfs et des tissus musculaires.
Valeur nutritive : 22 kcal par 100 g.
Quantité requise pour obtenir 100 ml (3 1/2 oz liq.) de jus : 3.
Préparation : peler et détailler en quartiers.

Les limes

Les limes sont les plus petits agrumes et elles ont une courte durée de vie sur les tablettes à cause de leur mince écorce. Elles poussent dans les tropiques, de l'Égypte à l'Inde occidentale, et sont les plus acides de tous les agrumes. Même si leur teneur en vitamine C est supérieure à celle des pamplemousses, elle est inférieure à celle des oranges et des citrons. Leur couleur est éclatante, leur jus donne de la saveur aux ingrédients et leur odeur est divine.

Nutriments et ingrédients actifs : vitamine C, folate, calcium, potassium, acide citrique, fibre, bioflavonoïdes.
Propriétés bénéfiques : antioxydantes, antibactériennes.
Valeur nutritive : 20 kcal par 100 g.
Quantité requise pour obtenir 100 ml (3 1/2 oz liq.) de jus : 3.
Préparation : peler, détailler en segments et mettre dans une centrifugeuse.

Le pamplemousse

Les pamplemousses, les plus gros fruits de la famille des agrumes, sont ainsi nommés non pas à cause de leur goût, mais parce que leurs fruits se développent en grappes un peu comme le raisin ! C'est un des agrumes les plus importants qui provient de l'extérieur de l'Asie; hybridé en Jamaïque, dans les Indes occidentales, le pamplemousse serait un croisement du pomelo et de l'orange sucrée. Il est cultivé à des fins commerciales dans le Nouveau Monde depuis un peu plus de 100 ans. Les deux types de pamplemousse sont le rubis et le blanc; le rubis possède une pulpe rosée et une écorce jaune teintée de rose. Il est habituellement plus sucré que le blanc et renferme plus de vitamine C. Aliment amaigrissant populaire, le pamplemousse favorise l'élimination en plus d'être un puissant détoxifiant et un stimulateur du foie.

Nutriments et ingrédients actifs : vitamines A, C, folate, potassium, bioflavonoïdes, acides citrique et phénolique, fibres, pectine, sucres.
Propriétés bénéfiques : antioxydant, anticarcinogénique, antimicrobien, abaisse la tension artérielle et le cholestérol, stimule le système digestif et le système immunitaire, détoxifie.
Valeur nutritive : 32 kcal par 100 g.
Quantité requise pour obtenir 100 ml (3 1/2 oz liq.) de jus : 1.
Préparation : peler et détailler en segments.

Les mandarines

La famille des mandarines comprend entre autres les satsumas, les mandarines méditerranéennes et la mandarine commune, qui sont les principales variétés hybrides. Les mandarines communes incluent les clémentines, les tangerines (un croisement entre mandarine et orange) et les tangelos (un croisement entre mandarine, pamplemousse et pomelo). Les mandarines et tous leurs parents sucrés sont moins acides que les pamplemousses ou que les citrons, et sont aussi de bonnes sources de vitamine C et de folate même s'ils sont moins riches en potassium et en vitamine B.

Nutriments et ingrédients actifs : vitamines C, B1 (thiamine), potassium, folate.
Propriétés bénéfiques : antioxydantes, anticancéreuses, abaissent le cholestérol, améliorent la circulation sanguine, soulagent les maux de gorge.
Valeur nutritive : 35 kcal par 100 g.
Quantité requise pour obtenir 100 ml (3 1/2 oz) de jus : 3.
Préparation : peler et détailler en segments.

Attention !

Certaines personnes migraineuses peuvent être sensibles à un ou à tous les agrumes. Il est recommandé d'éviter de consommer des oranges si vous souffrez d'arthrite rhumatoïde. Tous les agrumes, surtout les citrons, consommés avec excès peuvent épuiser les réserves en calcium des os et des dents.

Les fruits à pépins

Les fruits à pépins comprennent les pommes, les poires et les coings.

Les pommes

Les pommes sont les fruits les plus populaires des zones tempérées. Il y en a plus de 7 000 variétés, mais leur parent, la très humble et peu appréciée pommette (*Malus sylvestris*) est peu consommée ! Les pommes sont traditionnellement utilisées pour traiter les malaises gastriques : un peu de pomme râpée oxydée mélangée avec un peu de miel est un remède très efficace contre la diarrhée. Et, à l'opposé, leurs fibres solubles sont une arme essentielle pour soulager la constipation ! Il a été prouvé que l'odeur d'une pomme avait un effet calmant sur le système nerveux et aidait à abaisser la tension artérielle. Le sucre contenu dans les pommes est principalement du fructose, lequel, lorsqu'il est décomposé, libère son énergie lentement, ce qui aide à stabiliser les taux de sucre dans l'organisme. Les pommes aident aussi à soulager les symptômes d'un lendemain de veille !

Nutriments et ingrédients actifs : vitamine C, potassium, acide malique, tannin, fibres, pectine, sucres.
Propriétés bénéfiques : abaissent les taux de cholestérol et la tension artérielle, détoxifient, favorisent le système digestif.
Valeur nutritive : 47 kcal pour une pomme moyenne.
Quantité requise pour obtenir 100 ml (3 1/2 oz liq.) de jus : 2.
Préparation : laver et couper en morceaux. Pas besoin de peler ni d'évider.

Les poires

Bien mûres, les poires ont un goût vraiment très doux. Contrairement aux fruits de la plupart des arbres fruitiers, les poires mûrissent mieux après avoir été cueillies ! Le record obtenu par le grand duc Cosimo III de Medici, à la Renaissance, montre sa passion pour les poires : 209 variétés différentes furent servies à sa table en un an ! Les poires sont trop souvent considérées comme un dessert sucré, sans égard à leur valeur nutritive. En fait, elles sont une bonne source de pectine soluble qui régularise les intestins et, en plus d'abaisser les taux de cholestérol, elles l'éliminent de l'organisme ! Bonne source de vitamine C, elles contiennent aussi de la vitamine A, du potassium et un peu de vitamine E, mais ce sont leurs fibres solubles qui sont les vraies gagnantes – une solution de rechange au son, nettement plus savoureuse !

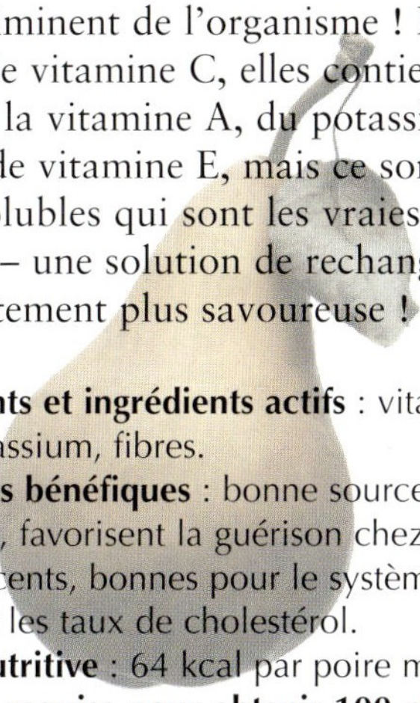

Nutriments et ingrédients actifs : vitamines C, A, E, potassium, fibres.
Propriétés bénéfiques : bonne source d'énergie, favorisent la guérison chez les convalescents, bonnes pour le système digestif, abaissent les taux de cholestérol.
Valeur nutritive : 64 kcal par poire moyenne.
Quantité requise pour obtenir 100 ml (3 1/2 oz liq.) de jus : 2.
Préparation : laver et couper en morceaux; pas besoin de peler ni d'évider.

Attention !

Les poires fraîches contiennent un alcool à base de sucre, du sorbitol. Cet édulcorant sans sucre est utilisé dans plusieurs aliments « amis des dents» et dans les dentifrices, mais il peut causer la diarrhée chez certaines personnes.

Les fruits à noyaux

L'abricot

Le nom de ce fruit doré vient du latin *praecoquum* qui signifie « mûri tôt ». Les Anglais l'appelaient « *hastie peche* » parce qu'il était l'un des premiers fruits à apparaître en été. En botanique, les abricots sont apparentés aux nectarines et aux pêches, mais chacun possède une saveur délicieuse qui lui est propre. Ils sont aussi apparentés aux amandes; regardez de près la forme d'une amande ! Originaires de Chine, où ils avaient la réputation d'avoir des propriétés médicinales bénéfiques pour le cœur, les abricots ont trouvé leur voie jusqu'en Europe, puis en Amérique du Nord et en Amérique du Sud. Riches en vitamine A et contenant plusieurs minéraux, ils sont de bonnes sources de glucides et sont faibles en lipides. Dans les recettes, vous pouvez les remplacer par des nectarines, par des pêches ou même par des fruits séchés, mais réhydratez-les d'abord soit en les faisant tremper dans de l'eau froide pendant une heure ou en les faisant cuire dans un peu d'eau à feu doux jusqu'à ce qu'ils soient mous et gonflés. Égouttez-les ensuite et utilisez-les comme s'ils étaient frais.

Nutriments et ingrédients actifs : vitamines A, B2, B3, B5, carotène, calcium, magnésium, potassium, cuivre, fer, zinc, fibres, sucre. (Les abricots séchés sont aussi une riche source de fer.)
Propriétés bénéfiques : antioxydant, stimule le système immunitaire en favorisant la production d'anticorps, détoxifiant, aide à stabiliser le glucose sanguin, aide à libérer l'énergie des aliments et celle qui est emmagasinée dans les tissus, améliore l'oxygénation du sang.

Valeur nutritive : frais : 30 kcal par 100 g (3 1/2 oz); séché : 190 kcal par 100 g.
Quantité requise pour obtenir 100 ml (3 1/2 oz liq.) : 6 frais, 4 ou 5 séchés et réhydratés.
Préparation : laver le fruit frais et le dénoyauter. Réhydrater les fruits séchés.

Attention !

Il faut éviter les fruits séchés traités au dioxyde de soufre, car ils peuvent déclencher des crises d'asthme.

Les pêches et les nectarines

La boisson des dieux grecs était le nectar, d'où le nom de ce merveilleux fruit. Connu depuis les temps anciens, il a souvent été confondu avec une récente hybridation de pêches et de prunes. Cependant, une nectarine n'est pas une pêche à la peau lisse, de même que la pêche n'est pas une nectarine à la peau velue ! Du point de vue nutritif, il existe un léger lien entre la nectarine et la prune perse ou pêche dont le nom botanique est *persica*, car les premiers scientifiques croyaient qu'elle provenait de Perse et non, comme nous le savons maintenant, de Chine. De nos jours, environ la moitié de la production mondiale de pêches et de nectarines se fait en Italie et aux États-Unis. Elles sont habituellement appelées brugnons (lorsque la chair du fruit adhère au noyau – elles sont habituellement vendues en conserve) ou nectarines (lorsque la chair se détache facilement du noyau).

Nutriments et ingrédients actifs : vitamine C, bêtacarotène, quelques fibres, acide folique, potassium, phosphore.
Propriétés bénéfiques : antioxydantes; favorisent le système digestif, laxatif doux, sans lipides ni sodium, idéales pour ceux qui ont des taux de cholestérol élevés et des problèmes de tension artérielle; semblent être bénéfiques pour le système nerveux et aident à prévenir les maladies dégénératives.
Valeur nutritive : nectarine, 60 kcal par 100 g (3 1/2 oz); pêches, 36 kcal par 100 g (3 1/2 oz).
Quantité requise pour obtenir 100 ml (3 1/2 oz liq.) de jus : 2.
Préparation : laver et dénoyauter.

Les cerises

Apparentées aux pêches et aux prunes, les cerises font partie des rares fruits disponibles 12 mois par année; il est ainsi possible de profiter de leur goût et des bienfaits qu'elles offrent en tout temps. Le parent de toutes les cerises, qu'elles soient sucrées ou sures, est la cerise à grappes, un fruit amer et astringent plus petit que le noyau d'une cerise de taille normale. Il s'agit d'un fruit ancien dont les traces se trouvent sur des sites de l'âge de pierre en Europe et en Amérique. La cerise sucrée moderne a probablement vu le jour à l'époque prébiblique, dans les vergers de la Mésopotamie. Les anciens physiciens l'utilisaient pour ses propriétés nettoyantes et rajeunissantes. Les cerises ont des propriétés détoxifiantes et légèrement laxatives; elles apaisent le système nerveux et peuvent aider à soulager le stress. Mais c'est leur contenu en acide éllagique, inhibant la croissance des cellules cancéreuses, qui rend ces petits fruits juteux efficaces dans la lutte contre le cancer.

Nutriments et ingrédients actifs : vitamines C, A, bioflavonoïdes, acide éllagique, phosphore, potassium, calcium, quantités minimes de vitamines du complexe B (B2, acide folique).
Propriétés bénéfiques : antioxydantes, anticancéreuses, diurétiques, faibles en sodium, favorisent le système nerveux, soulagent le stress, laxatif doux.
Valeur nutritive : 47 kcal par 100 g (3 1/2 oz).
Quantité requise pour obtenir 100 ml (3 1/2 oz liq.) de jus : 150 à 200 g (5 à 7 oz).
Préparation : laver, équeuter et dénoyauter.

Les prunes

Les prunes sont les cousines des pêches et des cerises; des milliers de variétés poussent sur tous les continents, sauf l'Antarctique ! La vingtaine de variétés disponibles sur le marché est soit européenne, soit japonaise/asiatique. Les prunes européennes ont une peau pourpre ou bleue et sont petites et fermes. Les variétés japonaises, habituellement plus grosses et plus juteuses, sont rouges, jaunes ou vertes. Les prunes ont beaucoup d'usages en médecine orientale pour traiter les troubles digestifs, en particulier la variété japonaise Umiboshi.

Nutriments et ingrédients actifs : un peu de vitamine C, des quantités modestes de vitamine A et un peu de vitamine E, acide folique, bêtacarotène, bonne source de potassium; séchées comme les pruneaux, elles sont d'excellentes sources de fer, de vitamine A, de potassium, de calcium et de magnésium.
Propriétés bénéfiques : bonnes pour le cœur et la circulation sanguine ainsi que pour le système digestif (laxatif doux, surtout les pruneaux séchés); diurétiques.
Valeur nutritive : 40 kcal par 100 g.
Quantité requise pour obtenir 100 ml (3 1/2 oz liq.) de jus : 4 à 6 selon la taille.
Préparation : laver et dénoyauter.

Attention !

Il faut éviter les prunes séchées et tous les fruits séchés traités au dioxyde de soufre, car ils peuvent déclencher des crises d'asthme.

Les avocats

Les avocats proviennent du Pérou et datent de quelque 9 000 ans. Les populations indigènes d'Amérique du Sud utilisent ce fruit séché depuis des siècles ainsi que les feuilles fraîches, l'écorce, la peau, la pulpe et même le noyau ou les graines comme remède. La pulpe et l'huile sont populaires depuis longtemps pour traiter les maladies cutanées et la vitamine E qu'elles renferment stimule la production de collagène qui aide aussi à faire disparaître les rides sans compter que c'est plus abordable et plus plaisant que de se faire remonter le visage ! L'avocat est en outre un aliment riche en protéines, en énergie, qui offre une bonne protection, car il renferme des produits chimiques antibactériens et antifongiques. Les gras mono-insaturés, surtout l'acide oléique, font des avocats l'un des aliments antioxydants les plus puissants connus et offre une protection contre les cardiopathies, les accidents cérébraux vasculaires (ACV) et les cancers. La vitamine B6 aide le fer à régulariser les sautes d'humeur, rendant les avocats très utiles pour celles qui souffrent du SPM.

Nutriments et ingrédients actifs : vitamines E, K, B1, B2, B3, B5, biotine, folate, potassium, zinc, caroténoïdes, fibres, acides gras insaturés comprenant l'acide oléique.
Propriétés bénéfiques : anticancéreux, antifongiques, antioxydants.

Attention !

Si vous êtes allergique au caoutchouc naturel (latex), vous avez 50 % de chances d'être allergique aux avocats.

Valeur nutritive : 225 kcal par 100 g.
Quantité requise pour obtenir 100 ml (3 1/2 oz liq.) de jus : n/d; meilleur dans la préparation des yaourts fouettés !
Préparation : couper en deux, dénoyauter et prélever la pulpe.

Les melons

Les melons font tous partie de la famille des curcubitacées, qui comprend aussi les concombres, les citrouilles et les courges, à l'exception des pastèques qui, botaniquement parlant, ne sont pas apparentées aux melons. Les melons, qui sont cultivés en Asie depuis les temps les plus anciens, étaient appréciés comme fruits par les anciens Égyptiens, Grecs et Romains. Cependant, ils ne furent introduits en Europe qu'à la fin du XVIe siècle, où ils furent d'abord cultivés par les Français. Rafraîchissantes et délicieuses en été, toutes les sortes de melons stimulent les reins et agissent comme un léger laxatif. Les cantaloups sont particulièrement précieux dans la « pharmacie alimentaire » : ils augmentent la libération de l'énergie des autres aliments et possèdent un taux élevé de caroténoïdes qui peuvent freiner le développement de cellules cancéreuses.

Nutriments et ingrédients actifs : cantaloup : vitamines A, C, B3, caroténoïdes; pastèque : métaboliseur d'énergie, diurétique, laxatif, faible teneur en sodium.
Propriétés bénéfiques : cantaloup : antioxydant, anticancéreux, laxatif, diurétique, faible en sodium ; pastèque : métabolise l'énergie, diurétique, laxative, faible en sodium.
Valeur nutritive : cantaloup : 30 kcal par 100 g ; pastèque : 62 kcal par 100 g.
Quantité requise pour obtenir 100 ml (3 1/2 oz liq.) de jus : Cantaloup : 1/2; pastèque : une tranche d'environ 4 à 5 cm (2 à 3 po) de large.
Préparation : enlever les pépins et l'écorce si désiré.

Les raisins

L'origine du raisin remonte à la nuit des temps; depuis des millénaires, on en mange et on en fait du vin. Le cépage moderne apparenté est le *Vitis vinifera* implanté dans le Nouveau Monde par Christophe Colomb. De par ses propriétés nourrissantes, fortifiantes, rafraîchissantes et nettoyantes, il n'est pas étonnant que les raisins fassent partie des cadeaux offerts à un ami malade. Ils sont excellents pour les convalescents et leur valeur nutritive a été confirmée par Mahatma Gandhi qui buvait du jus de raisin pendant ses jeûnes prolongés. Le raisin renferme beaucoup plus de composés aromatiques que n'importe quel autre fruit : des tannins astringents, des flavones, du linalol, du nérol et du géraniol parmi tant d'autres, qui semblent tous avoir des propriétés anticancérigènes.

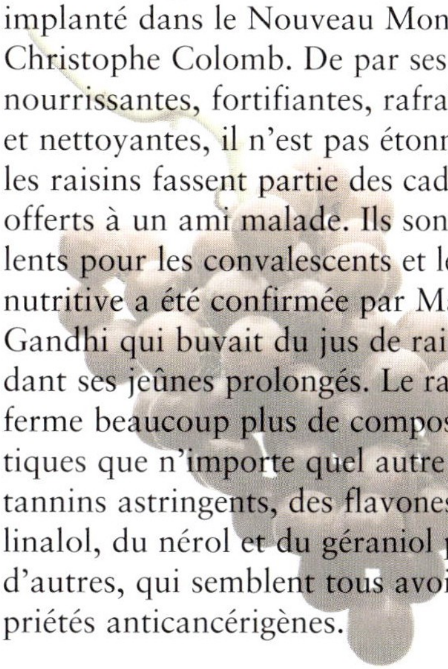

Nutriments et ingrédients actifs : vitamines B3, B6, E, biotine, magnésium, phosphore, cuivre, fer, sélénium, zinc.
Propriétés bénéfiques : anti-inflammatoires, antioxydants, anticancéreux, détoxifiants, diurétiques.
Valeur nutritive : 60 kcal par 100 g.
Quantité requise pour obtenir 100 ml (3 1/2 oz liq.) de jus : 150 à 200 g (5 à 7 oz)
Préparation : bien laver et équeuter.

Attention !

Comme la plupart des raisins sont arrosés de produits pendant leur culture, il est très important de bien les laver avant de les consommer.

Les petits fruits

Les petits fruits suscitent le ravissement : ils semblent toujours prêts à être mangés pour notre plus grand plaisir! Des centaines de fruits sauvages sont appelés petits fruits, mais seulement environ dix d'entre eux sont commercialisés et cultivés; ils sont d'ailleurs beaucoup plus gros que leurs cousins sauvages. Puisqu'il s'agit de cultures intensives qui demandent beaucoup de soins, les petits fruits sont généralement plus chers que les autres fruits, mais ils regorgent de vitamines et de minéraux.

Les fraises

Jusque dans les années 1660, les seules fraises disponibles en Europe étaient les minuscules fraises sauvages juteuses. D'origine alpine, certaines sont encore cultivées pour leur saveur incomparable, par des jardiniers perfectionnistes – la majorité des petits fruits que nous consommons de nos jours descendent de deux variétés américaines qui ont été importées de la Virginie en Europe au début du XVIIe siècle et à la fin du XVIIIe siècle. Le grand botaniste suédois Linneaus recommandait les fraises comme traitement contre l'arthrite, la goutte et les rhumatismes, des maladies chroniques dont il souffrait. Les petits fruits semblent aider à éliminer l'acide urique de l'organisme.

Nutriments et ingrédients actifs : vitamines C, B3, B5, fer, fibres solubles, pectine.
Propriétés bénéfiques : abaissent la tension artérielle et le cholestérol, aident à éliminer l'acide urique et les pierres aux reins, aident à prévenir et à traiter l'anémie et la fatigue, possèdent des propriétés antivirales, astringentes, diurétiques et légèrement laxatives.
Valeur nutritive : 30 kcal par 100 g.
Quantité requise pour obtenir 100 ml (3 1/2 oz liq.) de jus : 200 g (7 oz).
Préparation : laver, puis équeuter; ne jamais équeuter avant de laver sinon les fraises se gorgeront d'eau !

Attention !

Certaines personnes peuvent avoir une sensibilité aux fraises ; des réactions allergiques pouvant parfois être graves et même mortelles peuvent survenir.

Les bleuets/myrtilles

Les bleuets ou myrtilles, ces savoureux petits fruits pas trop sucrés ni trop surs, proviennent d'Amérique du Nord et d'Europe.

Ils contiennent une importante quantité de vitamine C et de petites quantités de vitamine B1, de bêtacarotène et de potassium, mais ce sont leurs anthocyanosides antibactériens qui sont appréciés dans le renforcement des parois des vaisseaux sanguins et dans le traitement de la cystite et d'autres infections urinaires.

Nutriments et ingrédients actifs : vitamines C, B1, bêtacarotène, potassium, anthocyanosides, fibres.
Propriétés bénéfiques : antibactériens, antioxydants, antiseptiques, anti-inflammatoires, effet tonifiant sur les vaisseaux sanguins.
Valeur nutritive : 30 kcal par 100 g.
Quantité requise pour obtenir 100 ml (3 1/2 oz liq.) de jus : 200 g (7 oz).
Préparation : laver soigneusement.

Les mûres

Les mûres sauvages sont un fruit ancien, mentionné dans la Bible. Les Grecs anciens le recommandaient pour traiter la goutte. Chaque petit renflement d'une mûre ou d'une framboise correspond à un minuscule fruit appelé drupéole. Les mûres et les framboises ne sont pas de ce fait de vrais petits fruits, mais de magnifiques petites grappes de drupéoles ! Les mûres sauvages sont plus riches en vitamine E que leurs cousines cultivées, donc cela vaut la peine de les cueillir vous-même, sans parler du plaisir que vous en tirerez ! Leur riche teneur en vitamine C en font des antioxydants précieux qui protègent contre les maladies et les infections.

Nutriments et ingrédients actifs : vitamines C, E, B3, folate, manganèse, fer, potassium, acide citrique, fibres solubles.
Propriétés bénéfiques : antioxydantes, tonifiantes, bénéfiques pour le cœur, la circulation sanguine et la peau; efficaces pour soigner les rhumes et pour se remettre d'une grippe.
Valeur nutritive : 25 kcal par 100 g.
Quantité requise pour obtenir 100 ml (3 1/2 oz liq.) de jus : 200 g (7 oz).
Préparation : laver soigneusement.

Les framboises

Tout comme les mûres, les framboises sont en fait des grappes de minuscules fruits appelés drupéoles. Quand vous déposez une framboise dans votre bouche, vous ingérez en fait 80 petits fruits en même temps ! Les nutriments des framboises en font un aliment parfait pour les convalescents et ceux qui se remettent d'un rhume ou d'une grippe aussi bien que pour ceux qui souffrent de cardiopathies, de fatigue et de dépression. Une forte teneur en vitamine C signifie qu'avec 100 g de framboises, vous obtiendrez 75 % de la dose quotidienne recommandée. Si vous vous sentez abattu, offrez-vous une framboise et stimulez votre corps et votre esprit !

Nutriments et ingrédients actifs : vitamines C, B3, biotine, folate, manganèse, fer, acide citrique, fibres.
Propriétés bénéfiques : antioxydantes, détoxifiantes, raffermissantes, bénéfiques pour les maladies des gencives, les maux d'estomac et les diarrhées.
Valeur nutritive : 15 kcal par 100 g.
Quantité requise pour obtenir 100 ml (3 1/2 oz liq.) de jus : 200 g (7 oz).
Préparation : laver soigneusement.

Les cassis

Ces petits fruits sont une source exceptionnelle de vitamine C, ce qui en fait traditionnellement le fruit par excellence pour lutter contre les rhumes et les grippes. Les anthocyanosides – les pigments de leur peau pourpre-noir – sont antibactériens et anti-inflammatoires, ce qui explique pourquoi ces petits fruits sont depuis longtemps utilisés pour soulager les maux de gorge.

Nutriments et ingrédients actifs : vitamine C, anthocyanosides, potassium.
Propriétés bénéfiques : anti-inflammatoires, antibactériens, rehaussent le système immunitaire, bénéfiques pour récupérer des rhumes et des grippes, anticancéreux, diurétiques, éliminent le stress, aident à abaisser la tension artérielle.
Valeur nutritive : 28 kcal par 100 g.
Quantité requise pour obtenir 100 ml (3 1/2 oz liq.) de jus : 200 g (7 oz).
Préparation : laver soigneusement.

Les canneberges

À ma connaissance, ce parent des bleuets est le seul fruit qui se qualifie d'après sa capacité de rebondir. Pendant la préparation pour la mise en marché, les canneberges sont triées et évaluées par un test de rebondissement : les petits fruits doivent rebondir plus de 101 à 177 mm (4 à 7 po) de haut. Celles qui passent le test gagnent la médaille d'or et finissent sur le marché; celles qui échouent sont trop molles et sont envoyées aux vestiaires ! Les canneberges font aussi partie des rares fruits qui proviennent d'Amérique du Nord; pendant des siècles, les autochtones d'Amérique du Nord les utilisaient comme aliment et comme médicament, surtout pour laver les plaies et aspirer le poison des plaies dues à des flèches. Grâce à leur forte teneur en vitamine C, les premiers habitants furent capables d'éviter les horreurs du scorbut et, tandis que les vaisseaux anglais transportaient des limes, les baleiniers américains transportaient des barils de canneberges. De nos jours, le traitement à base de canneberges le plus connu permet de soigner et de prévenir la cystite; le jus empêche la bactérie de se fixer aux parois de la vessie.

Nutriments et ingrédients actifs : vitamine C, fer, anthocyanosides, acide benzoïque et acide quinique, fibres.
Propriétés bénéfiques : rehaussent le système immunitaire, antibactériennes, bénéfiques contre les cystites et les infections urinaires.
Valeur nutritive : 11 kcal par 100 g.
Quantité requise pour obtenir 100 ml (3 1/2 oz liq.) de jus : 200 g (7 oz).
Préparation : laver soigneusement, mais seulement avant l'utilisation !

Les fruits tropicaux et exotiques

Ils étaient autrefois l'apanage des plus fortunés. De nos jours, nous avons la chance de pouvoir consommer une énorme variété de fruits qui ne poussent pas chez nous. Les supermarchés, les boutiques de fruits et légumes et les étals de marché n'offrent pas seulement des pommes et des oranges, mais aussi des kakis, des pommes grenades, des kumquats et des caramboles (fruit étoilé) pour répondre aux goûts des communautés multiethniques. Si vous n'avez jamais goûté une goyave ou un fruit de la passion, vous en avez maintenant la possibilité !

Les kiwis

Une émeraude dans un manteau de fourrure est une bonne façon de décrire ce fruit qui vient de Chine (d'où son autre nom de groseille chinoise). Il est maintenant cultivé en Nouvelle-Zélande et tient son nom de l'emblème de ce pays, un oiseau qui s'appelle kiwi. Il s'agit d'un fruit très riche : il renferme deux fois plus de vitamine C qu'une orange et plus de fibres qu'une pomme. Il est aussi riche en potassium, dont une carence peut provoquer l'hypertension, la fatigue chronique et une mauvaise digestion. Il renferme de plus une enzyme appelée actinidine qui agit d'une façon similaire à la papaïne que l'on trouve dans la papaye.

Nutriments et ingrédients actifs : vitamines A, C, B3, fibres, potassium, actinidine.
Propriétés bénéfiques : antioxydants, rehaussent le système immunitaire, bénéfiques pour la peau et le système digestif, laxatif doux.
Valeur nutritive : environ 30 kcal par fruit moyen.

Quantité requise pour obtenir 100 ml (3 1/2 oz liq.) de jus : 3.
Préparation : peler.

Attention !

Certaines personnes peuvent avoir une sensibilité à la peau velue : éviter tout contact avec la bouche.

La papaye

Cette beauté est originaire du Costa Rica et du sud-est du Mexique. Christophe Colomb l'avait nommée « arbre melon ». Une papaye peut peser entre 450 g et 9 kg (1 et 20 lb). Grâce aux Espagnols qui ont introduit ce fruit à Manille vers le milieu du XVIe siècle, la papaye pousse maintenant dans toutes les régions des tropiques. De nos jours, le plus important producteur de papaye est les États-Unis, dont la plupart des fruits poussent à Hawaï. Cet aliment est vital dans les pays en voie de développement, car le papayer porte des fruits à l'année longue. De plus, la papaye renferme beaucoup de vitamine C et est une excellente source de bêtacarotène que l'organisme synthétise ensuite en vitamine A. L'enzyme digestive, la papaïne, a aussi une grande valeur : elle est extraite à des fins commerciales et est utilisée dans les dentifrices, la gomme à mâcher et comme attendrisseur de viande ! Les graines, bien qu'amères, sont comestibles; elles ressemblent à du caviar !

Nutriments et ingrédients actifs : vitamine C, bêtacarotène, fibres, papaïne, potassium, phosphore.
Propriétés bénéfiques : antiallergique, antibactérienne, antioxydante, détoxifiante, fortifiante, bénéfique pour le système digestif, pour la peau et les yeux.
Valeur nutritive : 50 kcal par fruit moyen.
Quantité requise pour obtenir 100 ml (3 1/2 oz liq.) de jus : 1.
Préparation : couper en deux, retirer les graines et séparer la pulpe de la peau.

La mangue

Cultivée et consommée depuis plus de 4 000 ans en Inde, où la médecine ayurvédique utilisait le fruit pour traiter l'hypertension artérielle et le diabète, la mangue s'est répandue en Chine, aux Philippines, dans les pays méditerranéens, en Afrique, en Amérique centrale, en Amérique du Sud et en Amérique du Nord. Explosant littéralement de délices, une mangue fournit la quantité de vitamine C requise pour une journée, les deux tiers de la vitamine A, la moitié de la vitamine E et le quart des fibres, en plus d'un cocktail de potassium, de fer, d'acide nictinique qui agit comme antioxydant et de papaïne, une enzyme digestive. De plus, la mangue est un fruit délicieux !

Nutriments et ingrédients actifs : vitamines A, C, E, B3, potassium, fer, acide nictinique, papaïne, fibres.
Propriétés bénéfiques : antibactérienne, anticancéreuse, antioxydante, rehausse l'énergie et le système immunitaire, détoxifiante.
Quantité requise pour obtenir 100 ml (3 1/2 oz liq.) de jus : 1
Préparation : couper en deux, retirer le noyau et détacher la pulpe de la peau.

Le fruit de la passion

Aussi connu sous le nom de grenadille, ce fruit pourpre ayant la forme et la taille d'un gros œuf tient son nom de la passion du Christ : les 12 pétales blancs représentent les apôtres, les étamines rouges, les plaies et le disque de sépales, les clous et la couronne d'épine. La pulpe dorée et sucrée a une saveur percutante et plusieurs des graines noires, qui sont comestibles, ne peuvent se séparer de la pulpe à moins de la filtrer. Le fruit de la passion peut se manger comme un melon, en purée ou en jus. Quel que soit votre choix, il est délicieux et rehaussera votre taux d'énergie, élèvera votre esprit et aidera à maintenir la santé de la peau et des nerfs.

Nutriments et ingrédients actifs : vitamines A, C, B2, B3, magnésium, phosphore, fer, zinc, fibres.
Propriétés bénéfiques : anti-allergène, anticancéreux, antioxydant, rehausse l'énergie.
Valeur nutritive : 90 kcal par fruit moyen.
Quantité requise pour obtenir 100 ml (3 1/2 oz liq.) de jus : 3.
Préparation : les fruits de la passion sont mûrs lorsque la peau lisse devient ridée et que le contenu semble liquide lorsque vous secouez le fruit. Couper en deux et prélever la pulpe et les graines.

Attention !

Il peut être difficile de peler une mangue surtout lorsqu'elle est bien mûre. Le fruit appartient à la même famille que le sumac vénéneux et toute personne ayant une sensibilité à cette plante, ou aux mangues, peut avoir une grave réaction, car une manipulation excessive peut être un irritant.

L'ananas

L'ananas, qui est originaire d'Amérique du Sud, n'est pas un fruit dans le sens ordinaire du mot : en fait, il s'agit d'un organe multiple qui se forme lorsque les fruits de quelques centaines de fleurs fusionnent ! Le jus d'ananas frais est un remède efficace contre les maux de gorge, mais la bromélaïne qu'il renferme est une enzyme de grande valeur qui peut digérer plusieurs fois son propre poids de protéines en quelques minutes. Cette enzyme décompose les aliments et les tissus morts, laissant les intestins intacts. Il a aussi été démontré qu'elle était efficace pour briser les caillots sanguins, ce qui en fait une excellente assurance pour la santé du cœur !

Nutriments et ingrédients actifs : vitamine A, du complexe B, C, calcium, magnésium, manganèse, phosphore, potassium, cuivre, fer, zinc, bromélaïne, fibres.
Propriétés bénéfiques : anti-inflammatoire, diurétique, abaisse la tension artérielle, aide à prévenir la formation de caillots sanguins, accélère la réparation des tissus, bénéfique pour le système digestif, rehausse l'énergie.
Valeur nutritive : 33 kcal par 100 g.
Quantité requise pour obtenir 100 ml (3 1/2 oz liq.) de jus : 1/4
Préparation : peler et retirer le panache, puis couper en morceaux pour la centrifugeuse.

Note

Pendant le processus de mise en conserve ou de fabrication de jus pour le commerce, l'ananas perd certaines de ses propriétés bénéfiques. Si vous utilisez des conserves, choisissez le fruit dans son jus et non dans un sirop sucré.

La banane

La banane est un croisement de fruits stériles, sans pépins, qui poussent sur une plante géante; c'est probablement la plante la plus grosse qui ne possède pas de tige boisée ! Un régime de bananes est une main, donc chaque fruit est, techniquement parlant, un doigt. Les bananes sont riches en sucre; elles sont donc excellentes pour redonner de l'énergie et, à l'exception des framboises, elles contiennent plus de minéraux que tout autre fruit. Comme l'amidon qu'elles renferment n'est pas facile à digérer, on ne devrait les consommer que bien mûres (lorsque la pelure commence à être tachetée), car l'amidon s'est alors transformé en sucre. Les fibres sont solubles, ce qui aide à abaisser les taux de cholestérol ; le potassium est efficace pour soulager les crampes et la vitamine B6 peut aider à éliminer les pires effets du SPM.

Nutriments et ingrédients actifs : vitamine C, B3, B5, B6, biotine, magnésium, manganèse, potassium, fibres solubles.
Propriétés bénéfiques : élimine le stress, rehausse l'énergie, stimule le système digestif, abaisse le cholestérol, aide à soulager les crampes et les symptômes du SPM.
Valeur calorique : 95 kcal par fruit moyen.
Quantité requise pour obtenir 100 ml (3 1/2 oz liq.) de jus : n/d. Meilleur dans des yaourts fouettés.
Préparation : peler.

La goyave

Ce petit fruit tropical provient du Mexique et pousse sur de petits arbres semblables à des buissons. Il fait partie de la famille de myrtacées qui comprend la cannelle, le clou de girofle, le quatre-épices et la muscade. Il y a plus de 100 variétés de goyaves, allant de la taille d'une petite clémentine à celle d'une grosse orange, mais leur arôme, qui peut être particulièrement sucré, est leur caractéristique la plus particulière. Les goyaves que nous consommons sont délicieuses, aussi bien sur le plan du goût que de l'odeur, et elles sont riches en vitamine C, surtout les variétés à pulpe rose. Mélangées à du yaourt nature aux ferments actifs, les goyaves font les plus délicieux yaourts fouettés qui soient!

Nutriments et ingrédients actifs : vitamines A, C, B3, fibres solubles, acide nicotinique, phosphore, calcium.
Propriétés bénéfiques : antioxydante, rehausse le système immunitaire, détoxifiante, anticancéreuse, abaisse le cholestérol, laxatif doux.
Valeur nutritive : 25 kcal par fruit moyen.
Quantité requise pour obtenir 100 ml (3 1/2 oz liq.) de jus : 2.
Préparation : peler et épépiner.

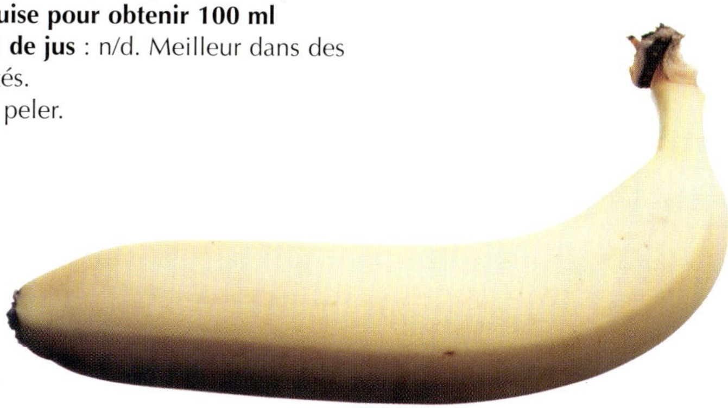

Les figues

Ces anciens fruits sont mentionnés dans la Bible : Adam et Ève en portaient les feuilles. Gautama s'est aussi assis sous une variété de figuier, le bo, et ce fut la naissance du bouddhisme. La figue commune fait partie de la grande famille d'environ 800 variétés qui poussent en Inde, au Proche Orient, en Turquie, en Grèce et en Méditerranée. Les espèces indiennes de figues (*Ficus religiosa*) sont connues comme la « figue sacrée » et les Indiens croient que le bois était à l'origine utilisé pour le feu sacré par lequel les dieux donnaient la connaissance aux humains. Une autre variété de figues, le banian, est aussi sacré pour les Indiens et est utilisé en médecine ayurvédique. Dans la Grèce antique, les athlètes olympiques étaient nourris de figues pour bâtir leur estime de soi et leur force, et les Romains croyaient que le figuier était sacré, car la louve qui avait sauvé Romulus (le fondateur de Rome) et Remus s'était reposé sous l'un d'eux. Ce fruit mystique et ancien est connu pour sa richesse en benzaldéhyde, un agent anticancérigène.

Nutriments et ingrédients actifs : vitamines A, du complexe B, calcium, magnésium, phosphore, potassium, fibres.
Propriétés bénéfiques : anticancéreuses, rehaussent l'énergie, favorisent le système digestif, aident à traiter l'anémie, aussi censées être aphrodisiaques.
Valeur nutritive : fraîche : 43 kcal par 100 g ; séchée : 213 kcal par 100 g. (Il faut 1,350 kg (3 lb) de figues fraîches pour obtenir 450 g (1 lb) de figues séchées! Une figue séchée contient quelque 50 % de sucre, d'où sa forte valeur nutritive.
Quantité requise pour obtenir 100 ml (3 1/2 oz liq.) de jus : n/d.
Préparation : fraîche : couper en deux et prélever la pulpe ; séchée : réhydrater en la faisant tremper dans l'eau.

Attention !

Les figues séchées devraient être humides et avoir une odeur sucrée; évitez les figues sèches qui sentent le moisi ou le sûr (elles fermentent !).

Les dattes

Des fouilles archéologiques démontrent que les palmeraies existaient déjà en Mésopotamie vers 3 500 ans av. J.-C. et elles demeurent une culture importante dans tout le Moyen Orient. Pour les Bédouins qui vivent dans le désert, les figues et les dattes forment leur régime de base. Les dattes peuvent être utilisées comme substitut au sucre, comme aliment de base et même pour produire une boisson alcoolisée incroyablement forte. Les dattes séchées peuvent aussi être moulues en farine. Les scientifiques contemporains s'intéressent surtout au contenu en minéraux des dattes, surtout leur teneur en fer. La quantité de fer d'une datte dépend de la variété et non de la teneur en fer du sol. Dix dattes Gondela du Soudan vous fourniront plus de fer que ce qu'il en faut pour une journée, tandis qu'il faut 14 dattes de la variété Khidri de Riyadh pour obtenir la même quantité. Des quelque 100 variétés, les dattes que nous sommes plus à même de trouver sont les Deglet Noors (d'Algérie), les Medjools (du Maroc) et les Zahidi, Barhi, Halawi et Khadrawi (d'Iran), bien que toutes ces variétés soient maintenant cultivées dans d'autres pays, surtout aux États-Unis.

Nutriments et ingrédients actifs : vitamines C (dattes fraîches seulement), du complexe B, folate, fer (qui varie selon les variétés), potassium, fibres.
Propriétés bénéfiques : rehaussent l'énergie, aident à traiter l'anémie, utiles dans le traitement du syndrome de fatigue chronique, laxatif doux.
Valeur nutritive : fraîches : 95 kcal par 100 g ; séchées : 248 kcal par 100 g.
Quantité requise pour obtenir 100 ml (3 1/2 oz liq.) de jus : n/d.
Préparation : fraîches, retirer le noyau.

À propos des aliments – les légumes

Les légumes, tout comme les fruits, sont un entrepôt naturel de délices. Riches en vitamines et en minéraux essentiels, leurs propriétés bénéfiques pour la santé sont connues depuis des centaines d'années et font, depuis plus récemment, l'objet d'enquêtes scientifiques. Tout comme les fruits, les légumes crus peuvent aussi être réduits en jus pour en extraire le plus de nutriments essentiels possible. Certaines saveurs sont fortes, tandis que d'autres sont étonnamment sucrées.

Choisissez toujours des légumes biologiques lorsque c'est possible. Les légumes cultivés dans un but commercial sont traités avec des pesticides à l'organo-phosphate, qui peuvent laisser un résidu toxique. Lavez bien les légumes avant d'en exprimer le jus !

Les légumes racines

Les carottes

Les carottes appartiennent à une famille qui regroupe environ 2 500 membres, dont le persil, le carvi, l'aneth et le céleri, et il y a plusieurs centaines de variétés de carottes de forme et de taille différentes. On croit qu'elles proviennent d'Afghanistan et qu'elles dérivent de la carotte sauvage connue sous le nom Ombelle de la reine Anne. Le croisement d'une carotte cultivée avec une carotte sauvage donne une carotte à racine blanchâtre. La couleur orange provient du bêtacarotène : une carotte à elle seule en contient suffisamment pour que votre organisme le convertisse en la quantité de vitamine A requise pour une journée, une vitamine essentielle à une peau saine, à une bonne vue et pour résister aux maladies des muqueuses.

Nutriments et ingrédients actifs : vitamines A, C, E, K, folate, calcium, manganèse, phosphore, chrome, fer, zinc, bêtacarotène, fibres.
Propriétés bénéfiques : anticancéreuses, antioxydantes, bénéfiques pour la peau et les yeux, pour le cœur et la circulation sanguine.
Valeur nutritive : 25 kcal par 100 g.
Quantité requise pour obtenir 100 ml (3 1/2 oz liq.) de jus : 2.
Préparation : brosser, couper les fanes et la pointe. Pas besoin de peler.

Les betteraves

Cet humble légume était si vénéré que les Grecs anciens l'offraient en sacrifice au dieu Apollon dans son temple de Delphi, bien qu'il semble que les prêtres qui interprétaient les oracles le mangeassent. Même si depuis des centaines d'années, les gitans romains et bien des gens en Russie et en Europe de l'Est consomment la betterave comme un légume goûteux et nutritif et surtout comme remède dans les traitements du cancer, ce n'est que récemment qu'elle a attiré l'attention des scientifiques occidentaux. Des recherches commencent maintenant à expliquer comment la profonde couleur rouge de la betterave renferme des agents anticancéreux et comment ce légume encourage les cellules de l'organisme à absorber de plus grandes quantités d'oxygène. Sa couleur rouge a aussi été utile dans le traitement de troubles sanguins comme l'anémie et la leucémie.

Nutriments et ingrédients actifs : folate, calcium, manganèse, potassium, fer, bétanine, acide malonique, phytostérol, saponine, protéines, fibres.
Propriétés bénéfiques : anticancéreuses, anti-inflammatoires, antioxydantes, rehaussent le système immunitaire et l'oxygénation des cellules, rajeunissantes, détoxifiantes.
Valeur nutritive : 36 kcal par 100 g.
Quantité requise pour obtenir 100 ml (3 1/2 oz liq.) de jus : 1/2 petite betterave.
Préparation : brosser et retirer la tige fibreuse à la base.

Attention !

Ne paniquez pas si vos selles ou vos urines sont rouges après avoir consommé des betteraves ! Ce n'est que la bétanine, la couleur naturelle du légume, qui est éliminée.

Les radis

Natifs du sud de l'Asie, les radis sont maintenant cultivés dans bien des pays dont la Chine, l'Europe et le Japon. Les anciens Égyptiens les cultivaient et payaient les ouvriers qui construisaient les pyramides en radis, en ail et en oignons. Tout comme le chou, le brocoli et le chou de Bruxelles, le radis fait partie de la famille des crucifèracées et renferme des composés sulfureux qui possèdent des propriétés anticancéreuses.

Nutriments et ingrédients actifs : vitamine C, acide folique, sélénium, potassium, calcium, souffre, glucosilinates.
Propriétés bénéfiques : anticancéreux, stimulent la production de bile.
Valeur nutritive : 1 kcal par radis.
Quantité requise pour obtenir 100 ml (3 1/2 oz liq.) de jus : environ 10.
Préparation : bien laver.

Le fenouil de Florence

Bien que sous forme de bulbe, il ne soit pas débordant de vitamines et de minéraux, ses graines sont utilisées en médecine depuis des milliers d'années, il offre de nombreuses huiles volatiles à saveur unique.

Nutriments et ingrédients actifs : vitamine A, huiles volatiles dont l'acide anisique, le fanchone, le limonène et l'anéthole.
Propriétés bénéfiques : diurétique, rehausse le système digestif, bon pour traiter la flatulence.
Valeur nutritive : 50 kcal par 100 g.
Quantité requise pour obtenir 100 ml (3 1/2 oz liq.) de jus : 1.
Préparation : bien laver et enlever le sable.

Note

Un bulbe de fenouil frais devrait avoir des feuilles vertes, croquantes au sommet des tiges. Si elles ont été coupées, c'est probablement parce qu'elles étaient vieilles, ce qui indique que le bulbe n'est pas de toute première fraîcheur.

Les bulbes

Les oignons

Les oignons appartiennent à la même famille que les poireaux, l'ail, les ciboules, la ciboulette et les échalotes. Tout comme l'ail, l'oignon fait toujours l'objet de recherches médicales intenses qui confirment rapidement sa réputation de remède général efficace surtout en regard du système circulatoire, aidant à décomposer les caillots sanguins. De par ses propriétés antibactériennes, l'oignon a été utilisé pour traiter les infections thoraciques.

Nutriments et ingrédients actifs : vitamines B, C, calcium, magnésium, potassium, allinase.
Propriétés bénéfiques : diurétique puissant, antibactériens.
Valeur nutritive : 22 kcal par 100 g.
Quantité requise pour obtenir 100 ml (3 1/2 oz liq.) de jus : 2.
Préparation : peler. On dit qu'en les pelant sous l'eau, on verse moins de larmes !

Les ciboules

Les oignons proviennent probablement d'Asie du Sud-Est ou de l'Inde, mais on les cultive et les consomme depuis des temps immémoriaux. Les oignons sauvages poussent en Amérique du Nord : les autochtones de la région des Grands Lacs les appellent *she-khe-ony*, qui a peut-être donné son nom à la ville de Chicago ! On dit qu'un bulbe de ciboule inséré dans l'oreille soulagerait un mal d'oreille.

Nutriments et ingrédients actifs : vitamines B, C, calcium, magnésium, potassium, allinase.
Propriétés bénéfiques : diurétiques, antibactériennes.
Valeur nutritive : 22 kcal par 100 g.
Quantité requise pour obtenir 100 ml (3 1/2 oz liq.) de jus : n/d. Utiliser haché pour garnir.
Préparation : laver et couper les racines; conserver les feuilles vert foncé.

Les poireaux

À l'époque médiévale, les poireaux étaient si importants dans la nourriture de base des Européens que l'ancien mot anglo-saxon (*leek)* servait à désigner tous les légumes. Le jour de la Saint-David, les fiers Irlandais portaient un poireau à la boutonnière pour commémorer la victoire du roi irlandais Cadwaller sur les Saxons en l'an 690 av. J.-C. Sur le champ de bataille, leurs ancêtres portaient un poireau pour se distinguer de leurs ennemis. Le proche contact avec ce légume explique peut-être le son magnifique des chœurs irlandais : les Grecs et les Romains croyaient que le poireau était bon pour la gorge. L'empereur Néron en mangeait tous les jours pour améliorer la qualité de sa voix.

Nutriments et ingrédients actifs : vitamines A, du complexe B, C, calcium, magnésium, acide folique, bêtacarotène (dans les feuilles vertes), potassium.
Propriétés bénéfiques : antibactériens, anticancéreux, diurétiques, éliminent l'acide urique, abaissent l'hypertension et les taux de cholestérol, bons pour la gorge.
Valeur nutritive : 18 kcal par 100 g.
Quantité requise pour obtenir 100 ml (3 1/2 oz liq.) de jus : 1 gros poireau.
Préparation : laver et couper les racines. Conserver le plus de feuilles vertes possible.

L'ail

Lorsque les Romains conquéraient de nouveaux territoires, la première chose qu'ils plantaient était de l'ail. Il fut implanté en Angleterre par les centurions romains qui inséraient des gousses d'ail entre leurs orteils pour prévenir les infections fongiques lorsqu'ils marchaient sur des sols humides. Les propriétés antibactériennes de l'ail ont d'abord été démontrées scientifiquement par Louis Pasteur en 1858. L'allicine, le composé de soufre qui est libéré lorsqu'une gousse d'ail est écrasée, abaisse le cholestérol. Bien des gens ont découvert qu'en plus d'éloigner les vampires, manger de l'ail (même les capsules d'ail sans odeur vendues dans les boutiques d'alimentation naturelle) pendant deux semaines avant de partir en vacances évitait les piqûres de moustiques.

Nutriments et ingrédients actifs : vitamine B6, magnésium, phosphore, potassium, zinc, fer, bioflavonoïdes, glucokinine, mucilage, phytohormones, huiles volatiles.
Propriétés bénéfiques : antibactérien, anticoagulant, anticatarrhal, antioxydant, antiseptique, expectorant, détoxifiant, abaisse la tension artérielle et les taux de cholestérol, éloigne les vampires!
Valeur nutritive : 3 kcal par gousse moyenne.
Quantité requise pour obtenir 100 ml (3 1/2 oz liq.) de jus : n/d
Préparation : peler et écraser ou hacher la gousse.

Les cruciféracées

La famille des cruciféracées, dont le chou, le chou-fleur et les choux de Bruxelles sont les membres les plus connus, est appréciée pour la vitamine C et le bêtacarotène, et de plus en plus, pour ses propriétés anticancéreuses.

Attention !

Les gens qui ont une peau sensible devraient faire attention lorsqu'ils manipulent des cruciféracées, car elles peuvent entraîner des dermatites de contact.

Attention !

Les gens qui prennent de la thyroxine (un remède pour la glande thyroïde) ou de l'iode (dans les cas d'hypothyroïdie) devraient consommer tous les membres de la famille des cruciféracées en petites quantités. Les cruciféracées renferment des facteurs goitrigènes qui perturbent la capacité de la thyroïde d'absorber l'iode.

Les choux rouge, blanc et de Savoie (vert foncé)

De tout temps, les choux ont été la « médecine des pauvres » : les Romains l'utilisaient pour traiter des tumeurs ; ils possèdent d'ailleurs des propriétés anticancéreuses attribuées à la présence de produits phytochimiques tels que les glucosinolates. Dès que les légumes sont coupés, les glucosinolates sont libérés et convertis en indoles anticancéreux. Le chou de Savoie aux feuilles vert foncé est de loin le « super chou » avec sa haute teneur en vitamine C, en folate et en bêtacarotène.

Nutriments et ingrédients actifs : vitamines C, A (chou de Savoie), B3, folate, calcium, potassium, fer, composés de soufre.
Propriétés bénéfiques : anticancéreux, antioxydants, rehaussent l'énergie.
Valeur nutritive : chou rouge : 19 kcal par 100 g ; chou blanc : 24 kcal par 100 g ; chou de Savoie : 25 kcal par 100 g.
Quantité requise pour obtenir 100 ml (3 1/2 oz liq.) de jus : 1/3 d'un petit chou.
Préparation : laver et couper en morceaux.

Le chou-rave

Bien qu'il ne contienne pas de bêtacarotène, le chou-rave est riche en potassium et constitue une bonne source de vitamine C et d'acide folique. Son nom allemand se traduit par « chou navet » et, malgré son apparence, ce légume descend du chou sauvage. Il est arrivé en Allemagne dans les années 1 500 et, depuis, il est un aliment très populaire. En regard des nutriments et des bienfaits pour la santé, le chou-rave est presque identique au chou.

Nutriments et ingrédients actifs : vitamines C, A (les extrémités vertes), B3, calcium, folate, potassium, fer, composés sulfuriques.
Propriétés bénéfiques : anticancéreux, antioxydant, rehausse l'énergie.
Valeur nutritive : 23 kcal par 100 g.
Quantité requise pour obtenir 100 ml (3 1/2 oz liq.) de jus : 1 petit ou 1/2 gros chou-rave.
Préparation : laver.

Les épinards

Les épinards proviennent de Perse et se sont répandus vers l'est jusqu'au Japon en passant par la Chine et la Corée. Les Arabes les ont implantés vers l'ouest en Espagne au XIe siècle et il y en avait dans toute l'Europe vers la fin du XVIIe siècle. L'organisme a du mal à absorber la grande quantité de fer contenue dans les épinards à cause de la présence d'acide oxalique. Ce dernier se combine aux minéraux, qui sont ensuite excrétés de l'organisme sous forme de sels insolubles. Les épinards n'en demeurent pas moins une excellente source de chlorophylle, bénéfique pour le sang, et sont riches en acide folique. Si vous pensez avoir un bébé, augmentez votre consommation d'épinards !

Nutriments et ingrédients actifs : vitamines A, E, B2, B3, folate, calcium, fer, magnésium, manganèse, potassium, zinc, caroténoïdes (lutéine et zéaxanthine), chlorophylle, acide oxalique, fibres, protéines.
Propriétés bénéfiques : anticancéreux, antioxydants, antiviraux, rehaussent le système immunitaire et l'énergie, bons pour la protection de la vue.
Valeur nutritive : 23 kcal par 100 g.
Quantité requise pour obtenir 100 ml (3 1/2 oz liq.) de jus : 20 grandes feuilles.
Préparation : laver et assécher.

Attention !

Il est préférable d'éviter les aliments contenant de l'acide oxalique si vous souffrez de pierres aux reins ou à la vessie ou d'arthrite rhumatoïde.

Le chou frisé

Le principal ingrédient, avec les pommes de terre en purée, des plats mijotés consistants des Pays-Bas est le chou frisé. Il a certainement vu le jour dans les régions de l'est de la Méditerranée, mais parce qu'il est fort (capable de supporter des températures de -15°C/5°F, tout comme les chaudes températures de l'été), il pousse maintenant partout dans le monde et mérite une plus grande place dans notre alimentation, non seulement pour son goût, mais aussi pour ses propriétés anticancéreuses et pour l'énorme quantité de bêtacarotène qu'il contient, tout comme les autres légumes feuillus vert foncé tels que la bette à carde, les légumes du printemps et la moutarde.

Nutriments et ingrédients actifs : vitamines A, C, B2, B3, B6, E, folate, calcium, phosphore, potassium, manganèse, bioflavonoïdes, fer, zinc, glucosinolates, protéines, fibres.
Propriétés bénéfiques : anticancéreux, antioxydant, élimine le stress, rehausse l'énergie, détoxifiant.
Valeur nutritive : 33 kcal par 100 g.
Quantité requise pour obtenir 100 ml (3 1/2 oz liq.) de jus : 1 grosse poignée de feuilles.
Préparation : laver et assécher.

Le brocoli

Le nom brocoli vient du latin *brachium*, qui signifie bras ou branche. Contenant deux fois plus de vitamine C qu'une orange et autant de calcium que le lait entier, le brocoli est, en fait, un « super aliment » et, comme les autres membres de la famille des cruciféracées, il a été démontré que le brocoli possède de puissantes propriétés contre les cancers.

Nutriments et ingrédients actifs : vitamines A, du complexe B, C, E, fer, folate, calcium, phosphore, potassium, glucosinolates, fibres, protéines.
Propriétés bénéfiques : anticancéreux, antioxydant, rehausse le sang et l'énergie, aide à améliorer l'anémie et la fatigue, bon pour le cœur et la circulation sanguine.
Valeur nutritive : 33 kcal par 100 g.
Quantité requise pour obtenir 100 ml (3 1/2 oz liq.) de jus : 6 à 8 bouquets.
Préparation : laver, assécher et détailler en bouquets. Conserver les branches.

Les légumes pour les salades

Le céleri

Hippocrate, le père de la médecine, utilisait le céleri pour traiter les patients nerveux. Les Romains prisaient aussi fortement ce légume pour ses valeurs médicinales. Jusque vers la fin du XVIe siècle et au début du XVIIe siècle, le céleri n'était cultivé que pour ces raisons et non comme aliment. Il calme effectivement les nerfs, surtout les huiles essentielles qui sont extraites des graines, et on a montré qu'il abaissait la tension artérielle. Traditionnellement, on s'en servait pour traiter les rhumatismes et la goutte. Ses propriétés diurétiques en ont fait un aliment utile pour détoxifier l'organisme et éliminer l'acide urique.

Nutriments et ingrédients actifs : vitamines A, C, du complexe B, E, calcium, magnésium, phosphore, potassium, sodium.
Propriétés bénéfiques : diurétique, détoxifiant, élimine le stress, peut aider à soulager les troubles arthritiques, et semble aider à détruire les pierres dans la vésicule biliaire.
Valeur nutritive : 18 kcal par 100 g.
Quantité requise pour obtenir 100 ml (3 1/2 oz liq.) de jus : 2 tiges.
Préparation : laver, conserver autant de feuilles que possible.

Note

Choisissez le céleri le plus vert que vous puissiez trouver : tandis que le céleri blanchi (de couleur vert qui tire sur le blanc) est moins amer, il contient moins de nutriments que le céleri non blanchi. Lorsque c'est possible, achetez du biologique, car le céleri accumule les nitrates synthétiques des fertilisants.

Le concombre

On dit que le concombre provient de l'Inde, mais les graines de concombre trouvées à la frontière entre la Birmanie et la Thaïlande remonteraient, selon les archéologues, à 7 750 ans av. J.-C. ! Quel que soit l'endroit, dès qu'il fait chaud, il y a des concombres. L'expression « frais comme un concombre » se justifie bien : il peut y avoir une différence de 20 degrés entre l'intérieur et l'extérieur d'un concombre. Le concombre renferme plus de 95 % d'eau, plus que n'importe quel autre aliment à l'exception de son parent, le melon. Mais il contient aussi de la vitamine A et du potassium en plus d'être incroyablement riche en vitamine E qui est efficace dans les traitements de la peau. Cela explique pourquoi les compagnies de cosmétiques tiennent à l'intégrer dans leurs produits de beauté !

Nutriments et ingrédients actifs : vitamines A (avec la peau), E, potassium.
Propriétés bénéfiques : détoxifiant, thérapeutique pour la peau et les yeux, léger diurétique, rafraîchissant pour la peau et pour les intestins.
Valeur nutritive : 10 kcal par 100 g.
Quantité requise pour obtenir 100 ml (3 1/2 oz liq.) de jus : 1/2 concombre.
Préparation : laver sans peler, car la peau renferme des caroténoïdes que l'organisme synthétise en vitamine A.

La laitue

La laitue descend de la laitue sauvage qui était très prisée par les anciens Romains pour son jus laiteux, utile pour soulager les coups de soleil et son effet calmant, légèrement sédatif. Contenant plus de 90 % d'eau et seulement 7 kcal par 100 g, il n'est pas étonnant que la laitue soit l'aliment minceur par excellence. Mais en fait, elle contient beaucoup plus que de l'eau : bien des minéraux se trouvent dans ce délice feuillu. En règle générale, plus les feuilles sont foncées, plus elles contiennent de qualités nutritives sans parler d'une grande quantité de bêtacarotène.

Nutriments et ingrédients actifs : vitamine C, bêtacarotène, acide folique, calcium, potassium, iode, fer.
Propriétés bénéfiques : bonne dans les cas d'insomnie, soulage le stress.
Valeur nutritive : 7 kcal par 100 g.
Quantité requise pour obtenir 100 ml (3 1/2 oz liq.) de jus : 1 grosse poignée de feuilles.
Préparation : bien laver. Lorsque c'est possible, choisissez de la laitue organique, car la laitue accumule les nitrates synthétiques des fertilisants.

Attention !

La sève laiteuse qui suinte lorsqu'on coupe une tige et le jus de laitue peuvent irriter les yeux, donc il faut bien se laver les mains après avoir manipulé une laitue.

Le cresson

Le cresson est riche en antioxydants qui aident à lutter contre le cancer. Hippocrate reconnaissait ses bienfaits sur la santé et il a même construit le premier hôpital du monde près d'un cours d'eau où il pouvait faire pousser du cresson pour ses patients. Les Grecs et les Romains croyaient en son pouvoir de soigner la folie, tandis que Nicholas Culpepper estimait qu'il pouvait prévenir le scorbut. Plus important que tout, l'huile de moutarde de benzyle qui donne au cresson son mordant est aussi un antibiotique puissant qui ne nuit pas à la flore intestinale.

Nutriments et ingrédients actifs : vitamines A, C, E, B3, B6, calcium, manganèse, fer, glucoïnolates, huile volatile, iode, protéines, fibres.
Propriétés bénéfiques : anticancéreux, antioxydant, antiscorbutique, antibiotique, purgatif, expectorant.
Valeur nutritive : 4 kcal par 100 g.
Quantité requise pour obtenir 100 ml (3 1/2 oz liq.) de jus : 1 grosse poignée.
Préparation : laver et assécher.

Attention !

Les personnes atteintes de maladies rénales devraient éviter de consommer trop de cresson.

Les tomates

La patrie ancestrale de la tomate est l'ouest de l'Amérique du Sud, l'Équateur, le Pérou et le Chili, où les tomates cerises continuent de pousser au sommet des montagnes. La première domestication de ce fruit est probablement survenue au Mexique ; les Mayas l'appelaient *xtomatl*. Les Espagnols l'ont emporté en Europe au XVIe siècle. Bien qu'on connaisse des centaines de variétés de tomates, seulement quelque 500 d'entre elles sont disponibles dans une gamme de tailles, de formes et de couleurs. Il existe des tomates blanches, vertes, rayées, orange, en forme de cloche, de carré, de vase ou rondes ! Nous sommes plus familiers avec les tomates rondes et rouges et, tandis que ces dernières années, de nouvelles variétés savoureuses sont arrivées sur le marché, jamais une tomate n'aura autant de saveur que celle que nous cueillons dans le jardin !

Nutriments et ingrédients actifs : vitamines A, C, B3, E, caroténoïdes, potassium, peu de sodium.
Propriétés bénéfiques : anticancéreuses, antioxydantes, antivirales, rehaussent le système immunitaire et l'énergie.
Valeur nutritive : 14 kcal par 100 g.
Quantité requise pour obtenir 100 ml (3 1/2 oz liq.) de jus : 3.
Préparation : laver et équeuter.

Attention !

Les tomates font partie de la famille des solanacées, qui comprend la belladone, une plante vénéneuse, et le tabac; elle peut exacerber la douleur et l'inconfort dans le cas d'arthrite rhumatoïde.

Les poivrons (piments doux) rouges, verts et jaunes

Les piments doux sont, avec les piments type Jamaïque et les piments rouges chipotle, membres du genre capsicum de la famille des solanacées qui comprend les tomates. Les piments doux (poivrons) sont verts et deviennent rouges ou jaunes lorsqu'ils mûrissent. Ces fruits originaires d'Amérique du Nord ont été introduits en Europe par Christophe Colomb, d'où ils se sont vite propagés en Afrique et en Asie. En plus d'être une importante source de nutriments, de vitamines C et A et d'acide folique, ils sont aussi très faibles en calories.

Nutriments et ingrédients actifs : vitamines A, C, B6, caroténoïdes, fibres.
Propriétés bénéfiques : antioxydants, anti-allergiques, anticancéreux, éliminent le stress, bons pour renforcer et maintenir la vue.
Valeur nutritive : 2 à 3 kcal par 100 g.
Quantité requise pour obtenir 100 ml (3 1/2 oz liq.) de jus : 3.
Préparation : rincer et couper en morceaux; inutile de les épépiner pour en extraire le jus.

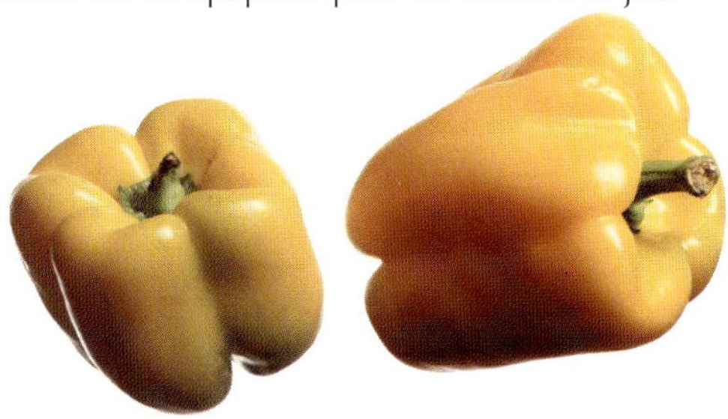

Attention !

Les piments doux (poivrons) sont membres de la famille des solanacées, qui comprend la belladone, une plante vénéneuse, et le tabac; elle peut exacerber la douleur et l'inconfort dans le cas d'arthrite rhumatoïde.

À propos des aliments – les fines herbes et les épices

Le plus ancien herbier occidental, *De Materia Medica* par Dioscorides, date du premier siècle après J.-C., mais l'utilisation des fines herbes et des épices remonte à l'origine de l'humanité. Quelques-unes des plus grandes découvertes en médecine proviennent de l'étude des plantes.

Le persil

Une des fines herbes les plus utilisées en cuisine qui, trop souvent, sert de garniture et demeure dans l'assiette ! Le persil renferme des huiles essentielles et est aussi riche en vitamines A et C, en fer, en calcium et en potassiun. Traditionnellement utilisé comme anti-inflammatoire, le persil est un antioxydant puissant, un diurétique et il aide aussi à la digestion. De plus, il aide à rafraîchir l'haleine après la consommation d'aliments au goût prononcé.

L'aneth

Largement utilisé en cuisine scandinave, l'aneth avec ses feuilles de dentelle légères comme des plumes tient son nom du mot scandinave *dilla*, qui signifie apaiser, en raison de son effet particulièrement calmant sur le système digestif, soulageant la flatulence et les douleurs gastriques.

Le romarin

Reconnu pour son pouvoir de « se rappeler », le romarin est un tonique et un stimulant pour le cortex cérébral. Il contient de la vitamine A, du calcium, du magnésium, du fer, du zinc, ainsi que des huiles volatiles qui en font un antioxydant et un anti-inflammatoire puissant. Il favorise la circulation sanguine, ce qui explique son efficacité dans les cas de céphalées et de difficultés de concentration. Super aliment pour l'esprit et pour le corps, le romarin est l'herbe fine parfaite lorsque vous ne vous sentez pas bien dans votre peau.

Le thym

Les Grecs anciens utilisaient le thym dans l'eau du bain et les Romains, pour purifier leur maison : l'équivalent du grand nettoyage du printemps! On croyait aussi qu'il donnait du courage et qu'il avait des propriétés aphrodisiaques : les chevaliers médiévaux transportaient des brins de thym pour les offrir à leur dame avant les rixes et les tournois. Plus récemment, le thym faisait partie des bouquets pour protéger les gens de l'odeur de la maladie ! Le thymol, son huile essentielle principale, est une composante de plusieurs produits commercialisés, mais surtout des antiseptiques, des dentifrices et des gargarismes à cause de son effet adoucissant sur les muscles lisses de la trachée (l'œsophage).

Le basilic

Apparenté à la menthe et originaire de l'Inde, le basilic stimule le cerveau et le système nerveux pour ensuite le calmer. Comme le romarin, il a aussi la réputation d'améliorer la mémoire, donc il peut être utile lorsqu'il faut effectuer des exercices mentaux. Il est aussi efficace dans les cas de céphalées, d'indigestion et de flatulence. Dans plusieurs régions méditerranéennes, on croit que le basilic, servi avec le repas du soir, favorise une bonne nuit de sommeil.

La menthe

Parler simplement de menthe ne rend pas justice à cette herbe fine, car il en existe plusieurs variétés qui poussent partout dans le monde. La menthe poivrée et la menthe verte font partie des plus connues, bien que tout propriétaire de chat connaisse les effets merveilleusement relaxants (et un peu fous) que la cataire a sur leur animal après qu'il se soit roulé dedans. Ne croyez pas que la cataire ne convienne qu'aux chats; elle est aussi valable pour leurs propriétaires ! Le naturaliste Pline disait que la menthe avait une odeur qui éveillait l'esprit, mais cette plante stimule aussi l'appétit. Si, après avoir pris une gomme à mâcher, vous vous surprenez à avoir faim et à sentir gargouiller votre estomac, c'est dû à la menthe dans la gomme à mâcher ! Une des propriétés intéressantes de la menthe est que son odeur a un effet réchauffant sur l'organisme pour ensuite s'attiédir et devenir rafraîchissant. Un peu de menthe après un repas favorise la digestion et nettoie aussi le palais !

La citronnelle

Cette herbe fine au goût sucré a un effet calmant sur les nerfs et abaisse la tension artérielle, mais elle a aussi des propriétés antidépressives, sûrement en raison de son odeur et de son goût ragaillardissant ! Si vous vous sentez stressé ou épuisé, frottez quelques feuilles de citronnelle entre vos doigts, puis inspirez profondément les huiles volatiles qui s'en dégagent. Une feuille frottée sur une piqûre ou sur une morsure d'insecte apportera un soulagement.

La coriandre

Les feuilles de coriandre ressemblent à celles du persil plat qui appartient à la même famille, mais la coriandre possède une saveur plus citronnée. Riche en minéraux et en huiles volatiles, la coriandre est depuis longtemps utilisée comme diurétique par les praticiens ayurvédiques. Elle est aussi antispasmodique et elle soulage les crampes abdominales ; donc elle est efficace contre les troubles digestifs. La coriandre rehausse l'énergie et la puissance masculine. Avis aux intéressés !

La sauge

Son nom latin est *salvia*, ce qui signifie littéralement « être sauvé », ou encore plus communément « bonne santé ». Ce n'est pas étonnant lorsqu'on connaît les propriétés curatives de cette herbe qui renferme de la vitamine A, du calcium, du magnésium, du manganèse, du potassium, du zinc, des huiles volatiles, ce qui la rend antiseptique et anti-inflammatoire. Si vous avez des problèmes de gencives, frottez-les avec une feuille de sauge ! Et si vous avez des troubles menstruels ou si vous souffrez du SPM, la sauge peut aussi vous aider. (Elle peut, cependant, interférer avec la production de lait maternel, donc n'en consommez pas trop si vous allaitez.)

La muscade et le macis

Ces épices proviennent toutes deux d'un plant, un arbre toujours vert dont le nom botanique est *Myristica fragrans*. La saveur et l'odeur se ressemblent beaucoup, bien que le macis soit un peu plus amer. La muscade est l'épice la plus utilisée des deux, souvent râpée dans les mets. Le composé actif de la muscade est la myristicène; ses effets sur le cerveau sont semblables à ceux de la mescaline ! De ce fait, prise en fortes doses, la muscade peut être toxique. Elle stimule l'appétit et est excellente si vous vous sentez légèrement nauséeux. En médecine ayurvédique, la muscade est fortement utilisée pour améliorer la peau.

Le gingembre

Un remède qui réchauffe et réconforte dans les cas de mal du transport ou de nausée le matin, ainsi que lorsqu'on a froid et qu'on frissonne, car il stimule la circulation périphérique et aide l'organisme à se libérer des toxines. Sa saveur en a fait une des épices les plus utilisées en Asie aussi bien dans les plats sucrés que non sucrés. Le gingembre frais sent et goûte merveilleusement bon et on peut soit le râper, soit en extraire le jus. Le gingembre séché est aussi valable, mais il est beaucoup plus relevé que le rhizome frais : une pincée à 1/4 de cuillerée à thé de gingembre séché suffit habituellement pour satisfaire la plupart des goûts.

La cannelle

Tonique et antiseptique, la cannelle réchauffe le corps et aide à combattre la fatigue, surtout après un épisode de grippe. L'huile volatile, qui contient de la cinnamaldéhyde, est un léger antidouleur et aide aussi à abaisser la tension artérielle. Si vous vous sentez nauséeux ou que vous avez la diarrhée, une pincée de cannelle peut vous aider.

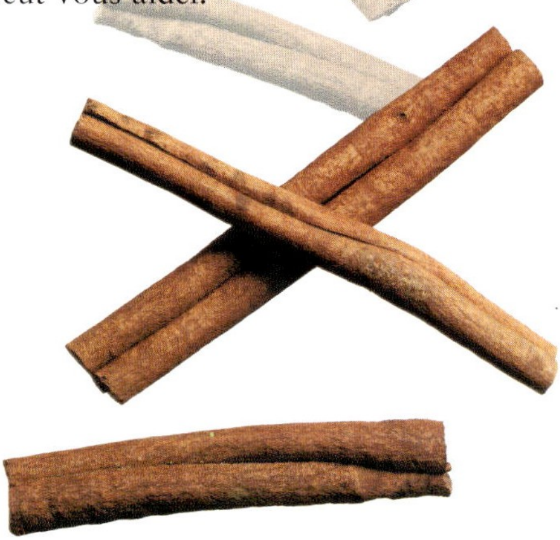

À propos des aliments – le lait et les produits de remplacement

Du point de vue de la nutrition, le lait est une très bonne source de vitamines et de minéraux, surtout pour les enfants, les adolescents et les femmes enceintes; il contient des vitamines A, B2 (riboflavine), B12, D, E, du calcium, des protéines et du zinc. Il est aussi relativement peu coûteux et se consomme facilement. Environ le tiers des besoins quotidiens en protéines d'un adulte de taille moyenne et 15 % de ses besoins énergétiques peuvent être comblés avec 500 ml (2 tasses) de lait.

Toutefois, il a des inconvénients : le lait est riche en gras, mais lorsqu'il est écrémé ou semi-écrémé, le contenu en gras est réduit… ainsi que le contenu en vitamines. Cela explique pourquoi on ne devrait pas donner de lait écrémé ou semi-écrémé à des enfants de moins de cinq ans.

Les personnes qui ont des allergies, comme de l'eczéma et de l'asthme, parfois exacerbées par le lait de vache, ont d'autres options, comme le lait de chèvre ou de soja.

Le lait de soja

Les fèves de soja contiennent les protéines les plus complètes, ce qui les place au rang des produits fortement nutritifs allant du tofu (fromage végétal) et de la sauce soja au lait de soja, au fromage et au yaourt. Mais ce sont les propriétés anticancéreuses du soja qui ont surtout retenu l'attention ces dernières années : son contenu en antioxydants protège des radicaux libres qui peuvent aussi bien mener à des cardiopathies qu'à des maladies circulatoires ou à des cancers.

Attention !

Les fèves de soja et les produits dérivés du soja sont des aliments allergènes fréquents et quelques personnes peuvent y être allergiques !

Attention !

La plupart des cultures mondiales de fèves de soja ont été génétiquement modifiées : si vous voulez éviter les OGM, choisissez des aliments biologiques ou certifiés non génétiquement modifiés.

Le lait de riz

Une excellente solution de rechange au lait de vache et au lait de soja. Il est aussi recommandé aux personnes qui souffrent du syndrome du côlon irritable ou d'autres troubles gastro-intestinaux. Le lait de riz se trouve maintenant de plus en plus dans les supermarchés et à des prix très concurrentiels.

Le lait de coco

La noix de coco est la plus grosse graine connue. On croit qu'elle provient de Malaisie, mais elle pousse maintenant partout dans les tropiques, grâce à sa solide écorce qui permet de la transporter par-delà les mers. Elle a voyagé sur le Gulf Stream pour traverser l'Atlantique et s'est retrouvée sur les plages d'Écosse et même de Norvège ! Chaque partie du palmier a son utilité : les frondes pour les toits, les fibres extérieures de la noix pour les nattes, l'intérieur de la noix pour sa pulpe et son lait qui fait une boisson rafraîchissante. Il est même possible de transformer les coques vides en mangeoires pour les oiseaux ou de s'en servir comme bruitage pour imiter les sabots des chevaux ! Il est possible d'acheter du lait et de la crème de coco, mais en général on les additionne fortement de sucre. Le lait de coco le plus goûteux et le plus rafraîchissant est celui qui provient directement de la noix, parce qu'on doit travailler dur pour fendre la coque !

Pour ouvrir une noix de coco, il faut d'abord percer les yeux, soit les trois points mous sur la coque, puis vider le lait. Pour prélever la pulpe, placez la noix sur une surface dure et frappez-la avec un marteau. L'option moins difficile consiste à placer la noix de coco dans un four à 180°C (350°F) pendant 15 minutes, puis de la frapper avec un marteau et de retirer la coque au fur et à mesure qu'elle se fend. Ne jetez pas la membrane brune qui colle à la pulpe ; elle est comestible et remplie de qualités nutritives et de fibres !

Le lait d'amande

Ce n'est pas vraiment du lait, mais c'est une excellente façon d'ajouter un peu de luxe, pour ne pas dire d'énergie, à un yaourt fouetté ! Les amandes, tout comme les noix de cajou et les graines de tournesol, peuvent être blanchies ou trempées et mélangées avec de l'eau pour produire un lait délicieux et d'une saveur intense, riche en protéines (masse pour masse, un tiers de plus que les œufs) mais aussi en calories (100 g d'amandes équivalent à environ 600 kcal). Elles contiennent beaucoup de minéraux (plus que toutes les autres sortes de noix) comme le zinc, le magnésium, le potassium et le fer et renferment quelques vitamines B.

Les amandes contiennent de l'acide oxalique qui se combine à ces minéraux pour les transporter hors de l'organisme. Il est donc préférable de manger les amandes avec des aliments riches en vitamine C comme des jus de fruit et de légume pour assurer une absorption maximale. Moins vous ajoutez d'eau, plus le lait sera épais, mais vous devez le filtrer avant l'utilisation. Il est conseillé d'utiliser une part d'amandes pour quatre parts d'eau, donc une tasse de noix pour quatre tasses d'eau. Réfrigéré, le lait se conservera bien pendant deux à trois jours, mais il se séparera. Il faut donc le remuer avant de l'utiliser.

Voici comment le préparer :

Ingrédients

100 g (3 1/2 oz) d'amandes blanchies

15 ml (1 c. à soupe de miel) (facultatif)

200 ml (7 oz liq.) d'eau et 3 ou 4 glaçons

Mettez le miel, les amandes et les glaçons dans le récipient du mélangeur (assurez-vous que les lames peuvent broyer les glaçons) et réduisez en une pâte lisse.

Ajoutez progressivement l'eau jusqu'à ce que la préparation soit lisse et prenne une consistance laiteuse. Vous pouvez la boire immédiatement ou l'incorporer aux yaourts glacés pour remplacer le lait de vache, de soja ou de riz ou le yaourt.

Attention !

Si vous êtes allergique aux noix, vous serez aussi allergique au lait d'amande !

Le yaourt

Le yaourt, l'un des aliments les plus anciens, est un super aliment : bien des problèmes de santé prennent naissance dans les intestins lorsque l'équilibre entre les bonnes et les mauvaises bactéries est bouleversé. Les yaourts préparés à des fins commerciales sont inoculés avec des bactéries bénéfiques comme le *Lactobacillus acidophilus* ou bifidobactérie parce qu'ils sont conçus pour avoir une longue durée de vie sur les tablettes. Ils contiennent aussi des stabilisants, des colorants, des édulcorants, des saveurs artificielles et des émulsifiants. Les yaourts biologiques ou aux ferments actifs sont ceux qui aideront à rétablir l'équilibre entre les bactéries dans les intestins. Même les personnes qui digèrent mal le lait sont étonnées de s'apercevoir qu'elles supportent le yaourt.

Il est très facile de fabriquer son propre yaourt : vous pouvez acheter une yaourtière, mais les contenants sont très petits et l'appareil consomme de l'électricité ! La façon la plus économique et la plus simple de faire du yaourt est d'utiliser une bouteille thermos !

Voici comment procéder :

Faites chauffer doucement le lait à la température corporelle, ajoutez le yaourt et le lait en poudre et mélangez bien avec une cuillère en plastique (pas en métal). Versez dans une bouteille thermos réchauffée (ou même dans un bol que vous couvrirez et envelopperez d'une serviette, et conserverez dans un endroit chaud à l'abri des courants d'air, par exemple dans une armoire). Scellez la bouteille thermos et laissez reposer toute la nuit ou pendant 12 heures. Versez le yaourt dans un bol, remuez et réfrigérez.

Ingrédients

1 l (4 tasses) de lait entier

30 ml (2 c. à soupe) de yaourt aux ferments actifs nature

30 ml (2 c. à soupe) de lait en poudre (facultatif, mais il donne un yaourt plus épais)

Pour obtenir un yaourt plus épais, de style grec, versez le yaourt de la bouteille thermos et filtrez-le à travers une mousseline pour éliminer le petit-lait. (Vous pouvez récupérer le petit-lait et préparer la délicieuse recette du Petit-lait aux abricots et à la pomme de la page 124.)

Pour préparer à nouveau du yaourt, prélevez simplement 30 ml (2 c. à soupe) du yaourt fait maison et recommencez la recette.

Les réveille-matin

Le mot déjeuner signifie « briser le jeûne », c'est-à-dire la période pendant laquelle vous n'avez pas mangé. Si vous avez pris votre dernier repas à 19 h 30, et êtes allé au lit à 22 h 30 pour vous lever à 7 h 30 le lendemain, votre corps n'a pas été alimenté (pas d'aliments ni d'eau) pendant 12 heures ! Pendant que vous dormiez, votre corps a beaucoup travaillé pour digérer et synthétiser les protéines, les lipides, les glucides, les vitamines et les minéraux. Les appareils endocrinien et digestif n'ont pas connu de repos ! Parce que les réserves d'énergie sont basses (votre corps endormi a été occupé à transporter les nutriments vers vos organes), il n'est pas étonnant de se sentir fatigué au réveil, même après huit bonnes heures de sommeil réparateur !

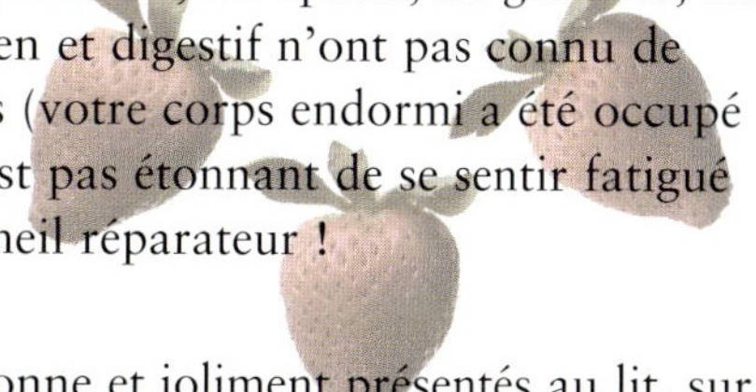

Un proverbe dit que le petit déjeuner est de l'or, le déjeuner, de l'argent et le dîner, du plomb. Quiconque a inventé ce proverbe avait raison : le petit déjeuner est le repas le plus important de la journée, le repas où nous faisons le plein d'énergie, de vitamines et de minéraux pour nous permettre de passer la journée. C'est cependant trop souvent le repas que nous sommes portés à sauter parce que nous sommes en retard, pressés ou simplement parce que nous n'y attachons pas d'importance. Pour certains, juste l'idée de s'asseoir et de prendre un petit déjeuner équilibré et nutritif les dépasse !

Il est vrai que rares sont ceux qui prévoient manger un pamplemousse ou un demi-ananas le matin, bien que si ces fruits sont préparés par une tierce personne et joliment présentés au lit, sur un plateau (accompagnés d'une fleur dans un vase comme dans les films), il soit difficile d'y résister. Peu d'entre nous bénéficient d'un service de valet ou d'un service à la chambre comme dans les hôtels, mais cela ne signifie pas qu'il faille priver notre corps de la nourriture essentielle dont il a besoin le matin. La façon la plus simple et la plus efficace de le faire est de prendre un jus. Les jus de fruit et de légume permettent d'absorber plus de qualités nutritives des produits frais : un verre de jus d'ananas ou de pamplemousse correspond au jus d'un demi-ananas moyen ou d'un pamplemousse ! Il est essentiel de se rappeler que l'extraction du jus des fruits ou des légumes ne détruit pas autant de protéines et de nutriments que ne le fait la cuisson ; en outre, même si les jus sont faciles à digérer à cause de l'absence de fibres, ils ne devraient pas pour autant remplacer la consommation de fruits et de légumes entiers. Les fibres sont essentielles à l'organisme, surtout pour le maintien d'une élimination saine.

Le corps humain comprend 70 % d'eau. Nous en perdons en moyenne 1,5 l (6 tasses) par la respiration, la transpiration et l'élimination des déchets. Il est important de la remplacer ! Pour maintenir des taux optimaux, les adultes devraient boire au moins 1 l (4 tasses) d'eau chaque jour, en plus des autres boissons. Si la caféine est votre réveille-matin, l'eau contenue dans la préparation de thé ou de café (tout comme celle d'un chocolat ou d'un verre de boisson gazéifiée comme les colas) ne remplacera pas l'eau perdue, surtout si l'on tient compte du fait que la caféine est un diurétique. Par contre, les fruits et les légumes frais contiennent beaucoup d'eau et leurs jus sont de loin plus goûteux que de l'eau en plus de regorger d'éléments essentiels pour la santé.

Le petit déjeuner est aussi le moment de nourrir votre cerveau de nutriments. Vous pouvez améliorer l'efficacité de votre cerveau en augmentant la quantité d'eau et de jus de fruits que vous buvez. Afin d'éveiller votre cerveau et de lui permettre de fonctionner, il faut lui fournir de l'oxygène et un approvisionnement constant d'énergie sous forme de glucose. Ces derniers parviennent au cerveau à travers la circulation sanguine ; donc, pour un «nettoyage» maximal du cerveau, notre alimentation doit comprendre un mélange d'aliments qui fournissent instantanément de l'énergie, ceux qui sont à libération lente, et certains, comme les protéines, qui prennent plus de temps à se décomposer. La plupart d'entre nous ont besoin d'aliments riches en fer. Cependant, certaines formes de fer sont difficiles à absorber. Nous pouvons augmenter l'absorption de ce minéral en mangeant ou en buvant des aliments riches en vitamine C, surtout des agrumes.

Une alimentation pauvre n'aura pas seulement une incidence sur le bien-être physique, mais aussi sur le comportement, la capacité de concentration, la mémoire, la coordination et l'humeur au début, au milieu et à la fin de la journée. Les vitamines du complexe B, l'acide folique, les vitamines A et E sont de super nutriments pour le cerveau. Il faut aussi tenir compte des oligo-éléments et des minéraux « magiques » tels que le zinc (un facteur clé de la mémoire et de la concentration, qui se trouve dans les framboises, les cantaloups, les avocats et le yaourt), le fer (inclus dans les cassis, les fruits de la passion et le jus de prune), le magnésium (dans les abricots, les bananes, les ananas et les raisins), le chrome (une gracieuseté des pommes) et le sélénium (dans les tomates) sans lesquels le cerveau ne fonctionnera pas comme il le devrait.

Les abricots, les pommes, les raisins, les melons et les cassis sont une façon plutôt délicieuse de nourrir notre cerveau sans devenir un fanatique de l'alimentation naturelle ! Les fruits contenant de l'amidon, comme les bananes, qui sont lents à libérer leur énergie et renferment de la vitamine B6 pour aider à équilibrer le métabolisme et la sérotonine, l'hormone naturelle du bonheur, vous fourniront une énergie durable.

Attention!

Si vous êtes malade, si vous avez ou croyez avoir une allergie ou une intolérance alimentaire, vous devez consulter un médecin. Les recettes suggérées ici NE remplacent PAS un avis médical ou des médicaments prescrits !

Simplement jus

Il est simple, nutritif et stimulant pour le corps et pour l'esprit. La plupart du temps, nous ne profitons des jus de fruit fraîchement pressés qu'en vacances ! Commencez chaque journée comme si vous étiez en vacances et constatez comme vous vous sentirez bien, surtout si vous supprimez le café ou le thé du matin !

Ingrédients

1 portion

2 oranges ou 1 pamplemousse, ou 1/4 d'ananas ou 2 pommes

Préparation

Pelez le fruit choisi ou lavez les pommes, puis exprimez-en le jus ! Versez dans un verre et éveillez votre esprit et votre corps. Maintenant que vous savez comment faire, faites preuve de créativité avec les saveurs !

Éveil

Si rien d'autre que le café ne peut vous réveiller le matin, goûtez ce délicieux café glacé épicé. Il se boit particulièrement bien l'été, mais c'est aussi une excellente façon d'apprécier un café le midi ou après le déjeuner !

Ingrédients

2 portions

15 ml (1 c. à soupe) de café fraîchement moulu
5 ml (1 c. à thé) de muscade moulue
5 ml (1 c. à thé) de cardamome moulue
500 ml (2 tasses) d'eau bouillante
30 ml (2 c. à soupe) de glace à la vanille
15 ml (1 c. à soupe) de miel
Glaçons
1 pincée de cardamome pour garnir

Préparation

Mettez le café, la muscade et la cardamome dans un contenant à l'épreuve de la chaleur et versez l'eau bouillante dessus. Laissez refroidir. Filtrez puis, au mélangeur ou au robot de cuisine, incorporez la glace à la vanille et le miel. Versez dans des verres, sur des glaçons, et saupoudrez d'un peu de cardamome moulue.

Cri d'alarme

Cette recette simple et délicieuse inclut du cantaloup, qui renferme des caroténoïdes, lesquelles favorisent le maintien de la santé des cellules de l'organisme.

Ingrédients

2 portions

1 orange

1/2 cantaloup

100 ml (3 1/2 oz liq.) de jus de raisin blanc

15 ml (1 c. à soupe) d'amandes moulues

Préparation

Pelez les oranges et exprimez-en le jus. Tranchez le melon en deux, retirez et jetez les pépins. Prélevez la pulpe avec une cuillère; réservez un beau morceau de la taille d'une bouchée pour garnir. Au mélangeur ou au robot de cuisine, réduisez en purée le reste de la pulpe du melon, puis ajoutez le jus d'orange, le jus de raisin et les amandes moulues. Mélangez rapidement, versez dans les verres et garnissez d'un morceau de melon.

Coup de fouet orange et framboises

Son contenu en vitamine C et sa superbe couleur vous assurent un éveil total même les lundis matin les plus sombres et les plus ternes qui soient !

Ingrédients

1 portion

2 oranges

150 g (5 oz) de framboises

Préparation

Pelez les oranges et exprimez-en le jus. Rincez les petits fruits et les réduire en jus; en réserver trois ou quatre pour garnir. Mélangez le jus d'orange et le jus de framboise dans un verre et garnir de framboises piquées sur un bâtonnet à cocktail.

Bonne humeur

Ce jus n'est pas seulement super le matin; il est aussi délicieux en fin de soirée. En fait, il est tellement bon que vous pouvez le servir au déjeuner, à des repas de fête ou encore pendant une soirée à ceux qui ne boivent pas d'alcool ou aux chauffeurs désignés ! Vous devrez préparer les glaçons au raisin la veille ou au moins 4 heures à l'avance, mais cet effort en vaut la peine !

Ingrédients

2 portions

100 ml (3 1/2 oz liq.) de jus de raisin blanc

3 oranges

100 ml (3 1/2 oz liq.) de jus de poire

Préparation

Remplissez de jus de raisin 4 à 6 cavités d'un bac à glaçons et faites congeler toute la nuit ou pendant au moins 4 heures. Coupez les oranges en deux; prélevez-en deux tranches pour garnir. Pressez les oranges, puis mélangez-en le jus avec le jus de poire et le reste du jus de raisin. Déposez 2 ou 3 glaçons dans chaque verre, remplissez de jus et garnissez de tranches d'orange.

Melon doux

Pour vous donner de l'entrain, surtout si vous vous sentez quelque peu étourdi ou nauséeux au réveil. Pour vous rafraîchir les jours de canicule, mélangez cette boisson avec de l'eau minérale gazéifiée bien froide et servez-la sur des glaçons.

Ingrédients

1 portion

1/2 cantaloup

2 oranges

Préparation

Coupez les oranges en deux; réservez une tranche pour garnir. Pressez les oranges. Retirez et jetez les pépins du melon, puis prélevez-en la pulpe et détaillez-la en morceaux; conservez un morceau pour garnir. Au mélangeur ou au robot de cuisine, réduisez les morceaux de melon en purée. Ajoutez le jus d'orange et mélangez rapidement. Versez dans un verre et garnissez d'un morceau de melon et d'une tranche d'orange.

Réveil à la pastèque

Y a-t-il une meilleure façon de commencer la journée qu'avec cette boisson qui regorge de délices et de vitamine C purifiant le palais ? La couleur à elle seule est un véritable régal pour les yeux ! Vous pouvez utiliser une centrifugeuse, un mélangeur ou un robot de cuisine pour préparer cette délicieuse boisson.

Ingrédients

1 portion

1/8 *de pastèque*

150 g (5 oz) de fraises

Glaçons

Préparation (centrifugeuse)

Lavez l'écorce de la pastèque et mettez-la dans la centrifugeuse avec la pulpe et les pépins pour en exprimer le jus. Équeutez les fraises; conservez-en une pour garnir et exprimez le jus des autres. Mélangez les jus dans un verre contenant 1 ou 2 glaçons et garnissez avec la fraise réservée.

Préparation (mélangeur ou robot de cuisine)

Avec une cuillère, prélever la pulpe de la pastèque et enlevez les pépins. Détaillez la pulpe en morceaux, puis réduisez-la en purée avec les fraises.

Punch aux prunes

Ce nectar délicieux déborde de bonnes choses. Nul besoin de peler les fruits si vous possédez une centrifugeuse, mais vous préférerez peut-être le faire si vous utilisez un mélangeur ou un robot de cuisine ou encore si vous êtes sensible à leur peau duveteuse. Ajoutez du yaourt nature aux ferments actifs pour obtenir un petit déjeuner vraiment satisfaisant !

Ingrédients

2 portions

1 pêche

2 prunes

1 kiwi

Glaçons

Préparation

Lavez les fruits et asséchez-les. Dénoyautez la pêche et les prunes sans les peler et pelez le kiwi. Détaillez les fruits en morceaux en réservant 1 ou 2 tranches de prune pour garnir. Au mélangeur ou au robot de cuisine, réduisez les fruits en une préparation lisse. Versez sur les glaçons et garnissez des tranches de prune.

Après huit heures

Il peut s'agir aussi bien de 8 h du matin que de 8 h du soir (vingt heures) ! Sur glace, vous obtenez une boisson merveilleuse pour les doux soirs d'été. Vous pouvez exprimer le jus de tous les ingrédients ou les réduire en une préparation lisse au mélangeur ou au robot de cuisine. Vous pouvez même ajouter du jus de pomme biologique déjà pressé plutôt que d'exprimer le jus d'une pomme.

Ingrédients

1 portion

3 kiwis

1 pomme

8 brins de menthe - 1 brin réservé pour garnir

Préparation (centrifugeuse)

Lavez les fruits, pelez les kiwis si vous êtes sensible à leur peau, puis détaillez-les en morceaux. Exprimez le jus des fruits, versez dans un verre et garnissez d'un brin de menthe.

Préparation (mélangeur ou robot de cuisine)

Lavez la pomme, pelez les kiwis, détaillez-les en morceaux et réduisez-les en purée au mélangeur, avec la menthe hachée.

Plein d'énergie

Il s'agit d'un vrai déjeuner dans un verre. Vous pouvez utiliser de l'ananas frais, ou le remplacer par du jus d'ananas en conserve. Si vous n'avez pas de centrifugeuse, vous pouvez réduire la pomme en purée au mélangeur ou au robot de cuisine ou encore utiliser du jus déjà préparé, biologique, bien entendu !

Ingrédients

1 portion - environ 300 ml (1 1/4 tasse)

1/4 d'ananas ou environ 100 g (3 1/2 oz) d'ananas en conserve dans son jus

1 petite pomme ou un bon trait de jus de pomme biologique déjà préparé

100 ml (3 1/2 oz liq.) de lait de soja

1 poignée de germes de luzerne

Glaçon

Préparation

Pelez l'ananas, puis exprimez le jus de l'ananas, de la pomme et des germes de luzerne; réservez quelques germes pour la garniture. Au mélangeur ou au robot de cuisine, mélangez les jus, le lait de soja et un glaçon. Servez dans un grand verre et parsemez de quelques germes de luzerne pour garnir.

Ravitaillement

Faites le plein d'énergie le matin avec ce mélange fruité.

Ingrédients

1 portion

1 tranche de pastèque – d'environ 2,5 cm (1 po) d'épais

2 oranges

1/4 d'ananas (ou 100 g/3 1/2 oz d'ananas en conserve dans son jus)

Préparation

Pelez les oranges et l'ananas s'ils sont frais. Pressez les oranges ou exprimez-en le jus et exprimez le jus de l'ananas et de la pastèque – avec les pépins et l'écorce ! Mélangez les jus dans un verre, sur des glaçons si vous le désirez, et garnissez de fruits. Vous pouvez aussi peler tous les fruits, les détailler en morceaux et les réduire en une préparation lisse au mélangeur ou au robot de cuisine ! Versez dans un verre et faites le plein d'énergie !

Douceur matinale

Maintenant que vous avez développé un goût particulier pour les jus, pourquoi ne pas investir dans une centrifugeuse et préparer vos propres jus de fruits et de légumes sans ajout de sucre, de sel, d'agent de conservation ou de colorant ? Des aliments santé, comme la nature les a voulus.

Ingrédients

1 portion

1 pomme

2 tiges de céleri

1 poignée de germes de luzerne

Préparation

Réservez quelques germes de luzerne pour garnir. Lavez la pomme et le céleri, puis exprimez le jus de tous les ingrédients. Servez dans un grand verre et parsemez de quelques germes de luzerne.

Matin tropical

Un excellent jus pour le petit déjeuner et pour vous remettre en forme si vous avez quelque peu exagéré la veille : la broméline de l'ananas apaise l'estomac; les oranges remplacent la perte de vitamine C et le melon réhydrate l'organisme.

Ingrédients

1 portion

2 oranges

1/4 de melon jaune (Galia ou melon miel)

1/4 d'ananas (ou 100 g / 3 1/2 oz d'ananas en conserve dans son jus)

1 kiwi

Préparation

Pelez et exprimez le jus des oranges, de l'ananas (s'il est frais) et du kiwi (si vous êtes sensible à la peau). Enlevez l'écorce et les pépins du melon, jetez-les et exprimez le jus de la pulpe. Mélangez les jus dans un verre et garnissez d'une tranche d'orange, de kiwi ou d'ananas, ou des trois !

Matin clair

Non seulement ce jus vous permettra d'ouvrir grand les yeux, mais il éveillera aussi vos papilles gustatives. Le goût piquant des radis riches en vitamine C est adouci par la douceur des jus de carotte et de pomme.

Ingrédients

1 portion

1 grosse carotte, brossée, mais non pelée

3 ou 4 radis (1 oz), lavés

1 grosse pomme, lavée et évidée

2 glaçons

Préparation

Exprimez le jus de la pomme, de la carotte et des radis. Versez dans le récipient du mélangeur ou du robot de cuisine et ajoutez les glaçons. Mélangez bien et servez dans un verre. Garnissez d'une tranche de pomme si vous le désirez.

Bon matin

La saveur anisée du fenouil nettoie le palais et aide à se débarrasser de cette haleine chargée après une joyeuse nuit de bamboula !

Ingrédients

1 portion

1 grosse carotte, brossée mais non pelée

1/2 bulbe de fenouil

Préparation

Exprimez le jus de la carotte et du fenouil, puis versez dans un verre. Garnissez d'un brin de fenouil si désiré.

Punch énergisant

Voici une façon incomparable d'améliorer votre circulation sanguine après une nuit de profond sommeil ! Les cassis et les épinards sont riches en potassium, qui aide à contrôler la tension artérielle.

Ingrédients

1 portion

150 g (5 oz) de cassis

6 feuilles d'épinards

2 oranges

Préparation

Rincez et équeutez les cassis; en réserver quelques-uns pour garnir. Pelez les oranges. Exprimez le jus des cassis, des oranges et des épinards, puis mélangez-les dans un grand verre. Garnissez de cassis ou d'une tranche d'orange.

Déjeuner aux petits fruits

Cette délicieuse boisson peut prendre une consistance plus épaisse, plus crémeuse et plus substantielle sans perdre son côté sain si vous ajoutez un peu de yaourt nature aux ferments actifs. Si vous voulez préparer votre yaourt, consultez la recette de la page 49.

Ingrédients

1 portion – environ 300 ml (1 1/4 tasse)

2 petites bananes – ou 1 grosse!

125 g (4 oz) de framboises

125 g (4 oz) de bleuets (myrtilles) ou de mûres, au goût

125 g (4 oz) de canneberges (ou 1 petit verre de jus de canneberge)

30 ml (2 c. à soupe) de yaourt nature aux ferments actifs

Préparation

Pelez les bananes et lavez les petits fruits. Les réduire en un mélange lisse au mélangeur ou au robot de cuisine. Vous pouvez soit ajouter du yaourt et mélanger rapidement, soit verser les jus dans un verre et garnir d'une volute de yaourt. Les deux présentations sont délicieuses !

Coriandre et poires

Ce jus stimule vraiment la circulation sanguine et la douceur des jus de poire et de carotte est légèrement relevée par le goût citronné de la coriandre, riche en vitamines et en minéraux.

Ingrédients

1 portion

2 poires

2 carottes, brossées mais non pelées

1 petite poignée de coriandre fraîche – quelques brins réservés pour garnir

Préparation

Exprimez le jus des carottes, des poires et de la coriandre. Mélangez les jus dans un verre et garnir d'un brin de coriandre.

Debout !

Un merveilleux mélange aigre-doux d'orange et de prune, excellent pour les personnes épuisées ou anémiques. Le yaourt nature aux ferments actifs (voir la recette de la page 49) et une pincée de cannelle rétabliront l'équilibre des bonnes bactéries dans les intestins.

Ingrédients

1 portion

6 prunes (dénoyautées)

2 oranges, pressées, ou 100 ml (3 1/2 oz liq.) de jus d'orange fraîchement pressé

30 ml (2 c. à soupe) de yaourt aux ferments actifs nature

1 pincée de cannelle moulue

Préparation

Mélangez les prunes, le jus d'orange et le yaourt au mélangeur ou au robot de cuisine. Versez dans un verre et saupoudrez d'une pincée de cannelle.

Tonique aux abricots et au pamplemousse

Si vous avez toujours évité les pamplemousses le matin, voici la possibilité d'apprécier ce fruit dans toute sa gloire. Riche en acide folique et en vitamine C, le pamplemousse aide l'organisme à assimiler le fer contenu dans les abricots. Si le mélange est encore un peu trop amer pour vous, ajoutez un peu de miel. La médecine traditionnelle chinoise utilise cette recette pour favoriser la digestion et éviter l'anémie.

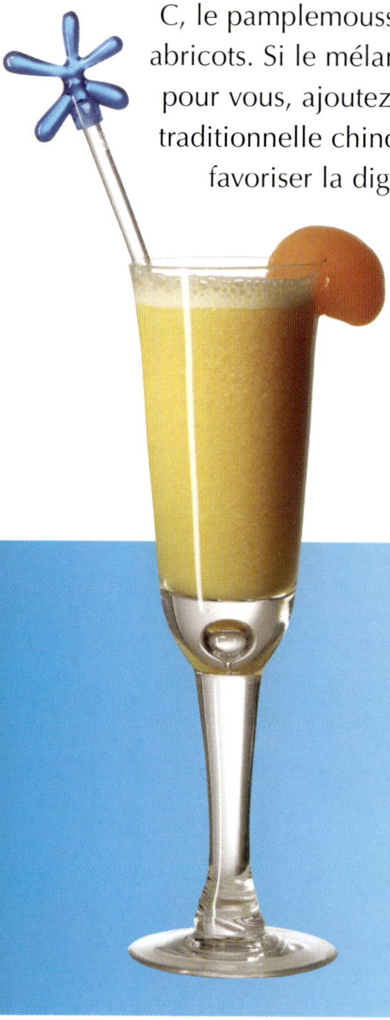

Ingrédients

1 portion

4 à 6 abricots frais ou séchés

1 pamplemousse (ou 300 ml/1 1/4 tasse de jus de pamplemousse)

5 ml (1 c. à thé) de miel (facultatif)

Noix de muscade moulue

Préparation

Si vous utilisez des abricots frais, dénoyautez-les et exprimez-en le jus. Pelez le pamplemousse et exprimez-en le jus. Mélangez les jus et sucrez avec du miel si désiré. Saupoudrez de muscade.

Si vous utilisez des abricots séchés, mettre les fruits dans une casserole et ajoutez suffisamment d'eau pour les couvrir. Faites cuire à feu doux pour les réhydrater jusqu'à ce qu'ils soient ramollis et gonflés. Égouttez et laissez refroidir.

Soulage-crampes

Le gingembre et le sodium contenu dans les kiwis peuvent aider à améliorer la circulation sanguine tandis que les pommes favorisent l'appareil digestif.

Ingrédients

1 portion

2 kiwis

2 pommes (ou 100 ml / 3 1/2 oz liq. de jus de pomme)

2 cm (3/4 po) de rhizome de gingembre pelé et râpé (ou haché grossièrement si vous en exprimez le jus)

Préparation (centrifugeuse)

Exprimez le jus du gingembre. Pelez les kiwis, lavez et hachez les pommes, exprimez le jus de ces fruits. Mélangez les jus dans un verre et servez avec une tranche de kiwi si désiré.

Préparation (mélangeur)

Pelez et râpez le gingembre. Pelez les kiwis. Au mélangeur, réduisez les kiwis, le gingembre et le jus de pomme en une préparation lisse. Garnissez d'une rondelle de kiwi.

Matins froids

Soyez plus énergique, éliminez les toxines et luttez contre les infections durant les longs mois d'hiver avec ce jus riche en antioxydants, en vitamines et en minéraux.

Ingrédients

1 portion

3 tomates mûres, hachées

10 ml (2 c. à thé) de jus de citron

15 ml (3 c. à thé) de sauce Worcestershire

5 ml (1 c. à thé) de sauce soja

Sel au goût

1 pincée de poivre de Cayenne

Thym frais ou séché pour garnir

Préparation

Au mélangeur ou au robot de cuisine, réduisez tous les ingrédients, sauf le thym, en une préparation lisse. Filtrez, servez sur des glaçons et garnissez d'un brin de thym.

Gloire du matin

Si vous êtes grognon le matin, si vous avez les yeux rouges et la gorge sèche, il vous faut de la papaye, un des aliments les plus rafraîchissants, qui possède des propriétés anti-inflammatoires !

Ingrédients

1 portion

1/4 de papaye – pelée et épépinée (bien qu'amers, les pépins sont comestibles et possèdent plein de qualités nutritives)

2 oranges

125 g (4 oz) de concombre (environ le quart d'un concombre)

Préparation

Réservez une tranche d'orange et une tranche de concombre pour garnir. Lavez et exprimez le jus du concombre. Vous n'avez pas besoin de le peler ! Exprimez le jus des oranges et de la pulpe de la papaye. Mélangez les jus et garnissez des tranches d'orange et de concombre.

Jus vert

Ce n'est pas tout le monde qui boirait ce jus le matin ! Vous pourriez le prendre lors d'un brunch, par exemple ! Il déborde de nutriments énergisants. Riche en vitamine C, en fer, en acide folique et en vitamine E, il a aussi un goût épicé.

Ingrédients

3 tomates mûres

4 grosses feuilles d'épinards lavées

1 poignée de cresson, lavé

Un peu de sauce soja

10 ml (2 c. à thé) de jus de citron

1 pincée de poivre de Cayenne

Un peu de sauce Worcestershire, au goût

1 ou 2 glaçons

1 pincée de thym pour garnir

Préparation

Mélangez tous les ingrédients au mélangeur ou au robot de cuisine. Filtrez et servez garni d'un brin de thym ou parsemé de thym séché si vous n'avez pas de thym frais !

Lendemain de veille

Vous avez mal à la tête ? Les praticiens ayurvédiques recommandent depuis longtemps les limes et les pamplemousses pour leurs effets nettoyants et revigorants. Leur contenu en vitamine C, l'énergie qui se dégage des sucres naturels contenus dans les fruits et l'effet détoxifiant du cumin pour nettoyer le foie vous aideront à retrouver rapidement la forme.

Ingrédients

1 portion

1 pamplemousse (pressé ou exprimé)

5 ml (1 c. à thé) de jus de lime

1 ml (1/4 de c. à thé) de cumin moulu

Préparation

Exprimez le jus du pamplemousse avec une centrifugeuse ou un presse-agrumes et mélangez-le dans un verre avec le jus de lime et le cumin.

Soulagement!

Le jus de chou ne plaît pas à tous, surtout si vous avez fait des excès la veille et si vous vous sentez lourd, même si le goût est masqué par le céleri et la coriandre.

Ingrédients

1/3 de petit chou vert (chou de Savoie)

1 tige de céleri

Feuilles de coriandre fraîche, hachées

Préparation

Rincez et coupez en morceaux le chou et le céleri et exprimez leur jus. Mélangez dans un verre et garnissez d'une pincée de feuilles de coriandre hachées.

Les boissons vivifiantes : pour stimuler l'énergie et le système immunitaire

Notre corps possède les merveilleuses capacités de se guérir lui-même et d'éviter la maladie tant que nous lui fournissons l'énergie et les nutriments qu'il faut pour lui permettre de fonctionner correctement. Une alimentation riche en aliments préparés, faible en fibres et riche en « calories vides » offrant un court regain d'énergie, rapidement suivi par des creux encore plus prononcés, peut réduire les réserves naturelles de l'organisme en vitamines et en minéraux et, de ce fait, provoquer une sensation d'épuisement, de fatigue, nous rendant grincheux et prédisposés à la maladie.

Nous souffrons trop souvent de maladies courantes et de maux tels qu'un rhume, un écoulement nasal, des cheveux ternes, une peau boutonneuse, une fatigue chronique, etc. Tous peuvent être des signes indiquant que notre système immunitaire a vraiment besoin de stimulation. Au lieu de vous précipiter chez le médecin et de prendre une médication quelconque qui, au lieu de soigner vraiment la cause, ne fait que soulager et masquer vos symptômes, tentez de vous traiter vous-même d'une façon naturelle, en consommant des aliments énergisants, goûteux, nutritifs et naturels.

Le système immunitaire est la première ligne de défense de l'organisme contre les microorganismes et les corps étrangers; il nous protège en reconnaissant et en détruisant les cellules anormales. Lorsqu'il réagit trop fortement à des substances inoffensives, il produit une réaction allergique et, lorsqu'il est affaibli, il ne peut pas nous protéger efficacement contre les infections. Donc, le système immunitaire peut soit aider, soit nuire à l'organisme et, de ce fait, nous devons créer un équilibre.

Notre appareil digestif est peut-être le principal point de contact avec le monde extérieur : tous les aliments et toutes les boissons passent par lui avant d'être absorbés pour fournir de l'énergie et des éléments nutritifs. En choisissant les bons aliments et en les combinant avec d'autres facteurs qui améliorent la vie, tels que faire de l'exercice régulièrement ou en augmenter la quantité, diminuer la consommation de caféine et d'alcool, éviter les drogues euphorisantes et cesser de fumer, nous contribuons à maximiser le fonctionnement de notre système immunitaire.

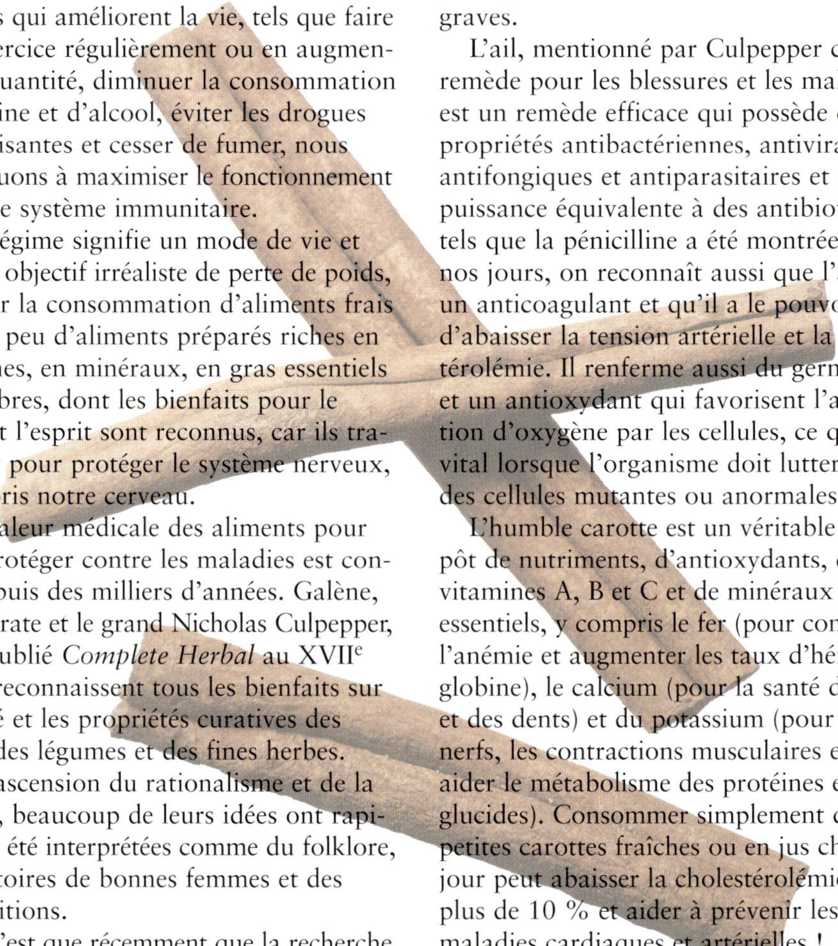

Un régime signifie un mode de vie et non un objectif irréaliste de perte de poids, basé sur la consommation d'aliments frais et d'un peu d'aliments préparés riches en vitamines, en minéraux, en gras essentiels et en fibres, dont les bienfaits pour le corps et l'esprit sont reconnus, car ils travaillent pour protéger le système nerveux, y compris notre cerveau.

La valeur médicale des aliments pour nous protéger contre les maladies est connue depuis des milliers d'années. Galène, Hippocrate et le grand Nicholas Culpepper, qui a publié *Complete Herbal* au XVIIe siècle, reconnaissent tous les bienfaits sur la santé et les propriétés curatives des fruits, des légumes et des fines herbes. Avec l'ascension du rationalisme et de la science, beaucoup de leurs idées ont rapidement été interprétées comme du folklore, des histoires de bonnes femmes et des superstitions.

Ce n'est que récemment que la recherche scientifique a pu établir spécifiquement les propriétés bénéfiques des nutriments et la façon dont ils fonctionnent.

Une recherche menée par des instituts tels que la Fondation de la recherche sur le cancer, l'Organisation mondiale de la santé et autres, y compris les gouvernements nationaux, a confirmé à plusieurs reprises qu'une alimentation riche en fibres naturelles provenant des fruits, des légumes et des céréales non raffinées pouvait nous protéger contre un ensemble de maladies graves.

L'ail, mentionné par Culpepper comme remède pour les blessures et les maladies, est un remède efficace qui possède des propriétés antibactériennes, antivirales, antifongiques et antiparasitaires et dont la puissance équivalente à des antibiotiques tels que la pénicilline a été montrée. De nos jours, on reconnaît aussi que l'ail est un anticoagulant et qu'il a le pouvoir d'abaisser la tension artérielle et la cholestérolémie. Il renferme aussi du germanium et un antioxydant qui favorisent l'absorption d'oxygène par les cellules, ce qui est vital lorsque l'organisme doit lutter contre des cellules mutantes ou anormales.

L'humble carotte est un véritable entrepôt de nutriments, d'antioxydants, de vitamines A, B et C et de minéraux essentiels, y compris le fer (pour combattre l'anémie et augmenter les taux d'hémoglobine), le calcium (pour la santé des os et des dents) et du potassium (pour les nerfs, les contractions musculaires et pour aider le métabolisme des protéines et des glucides). Consommer simplement deux petites carottes fraîches ou en jus chaque jour peut abaisser la cholestérolémie de plus de 10 % et aider à prévenir les maladies cardiaques et artérielles !

Les caroténoïdes – les pigments rouges, jaunes et orange qui donnent la couleur à beaucoup de fruits et de légumes, semblent protéger l'organisme contre certains cancers, des cardiopathies et la dégénérescence musculaire. Parce que les caroténoïdes sont des antioxydants, ils recherchent et détruisent les radicaux libres dans les cellules qui sont responsables de la maladie. Il a aussi été prouvé que les caroténoïdes dans les épinards sont bénéfiques pour la vue : ils protègent contre la dégénérescence maculaire, la cause la plus connue de cécité chez les personnes de plus de 65 ans.

Nous sommes en fait chanceux dans notre monde moderne d'avoir les moyens d'améliorer notre santé et de rehausser notre énergie grâce à ce que nous consommons et buvons. Les étagères des épiceries locales et des supermarchés sont chargées de fruits et de légumes importés qui ne peuvent pas pousser chez nous, ou que la saison ne permet pas de faire pousser, nous permettant ainsi d'expérimenter de nouveaux goûts excitants.

Cependant, la prochaine fois que vous ferez votre marché, passez un peu de temps à évaluer sommairement les bienfaits du contenu de votre panier d'épicerie. Songez un peu aussi aux diverses propriétés des ingrédients qu'il contient. Apprenez à connaître les bienfaits de la betterave pour favoriser la production de globules rouges; comment les légumes feuillus foncés comme le chou peuvent améliorer votre peau, comment le yaourt nature aux ferments actifs aide à équilibrer les taux de bonnes bactéries dans l'estomac et comment les avocats peuvent prévenir la dépression. Si vous vous sentez bien dans votre corps, vous vous sentirez bien dans votre tête aussi !

Attention !

Si vous êtes malade, si vous avez ou croyez avoir une allergie ou une intolérance alimentaire, vous devez consulter un médecin. Les recettes suggérées ici NE remplacent PAS un avis médical ou des médicaments sur ordonnance !

Cocktail borscht

Un manque d'énergie ouvre la porte aux toxines. Dès que vous avez le nez qui coule, un mal de gorge ou des douleurs articulaires, aidez votre système immunitaire à se rééquilibrer et à lutter contre l'infection. La betterave est depuis longtemps utilisée en Europe de l'Est pour soutenir la santé pendant les longs hivers arides. Les sucres qu'elle renferme sont facilement assimilables par l'organisme et fournissent une énergie immédiate.

Ingrédients

1 portion

1/2 petite betterave

2 carottes

1/3 d'un gros concombre

15 ml (1 c. à soupe) de jus de citron

15 ml (1 c. à soupe) de yaourt nature aux ferments actifs

Préparation

Lavez les légumes et exprimez le jus de la betterave, des carottes et du concombre. Mélangez-les avec le jus de citron et déposez la cuillerée de yaourt nature aux ferments actifs sur le dessus.

Stimulant à la betterave

Cette boisson à la texture de velours vous change des jus habituels du petit déjeuner. La betterave provient du sud de l'Europe. Les Grecs anciens l'offraient au dieu grec de la lumière, Apollon, dans son temple de Delphes et depuis, les mortels profitent de ses propriétés qui améliorent la vie.

Ingrédients

1 portion

2 carottes

1/2 concombre

1/3 de betterave

Préparation

Lavez les légumes; pas besoin de les peler, mais éliminez les extrémités ainsi que la tige fibreuse à la base de la betterave. Coupez-les en morceaux et exprimez ensuite le jus de la betterave, celui des carottes et enfin celui du concombre. Mélangez les jus dans un verre et garnissez de quelques tranches de concombre.

Rude journée

Un petit déjeuner dans un verre lorsqu'une rude journée s'annonce !

Ingrédients

1 portion

2 petites pommes

1/2 petite betterave

2 tiges de céleri

Préparation

Lavez les ingrédients et coupez la tige à la base de la betterave. Exprimez le jus de la betterave, des tiges de céleri, puis des pommes. Mélangez les jus dans un verre, sur des glaçons c'est excellent, et garnir d'une tranche de pomme ou d'une tige de céleri.

Cœur saignant

Une excellente façon de commencer la journée avec les idées claires. D'après l'herboriste anglais Nicholas Culpepper, ayant vécu au XVIIe siècle, la betterave purge la tête et met fin aux bruits dans les oreilles (acouphène); elle soigne aussi les maux de dent. Les melons, surtout les cantaloups, ne sont pas seulement délicieux, mais ils favorisent la libération d'énergie des autres aliments, métabolisant les sucres naturels des prunes et de la betterave afin de fournir une énergie à long terme.

Ingrédients

1 portion

1/2 petite betterave

1/4 de melon jaune

2 petites prunes

Glaçons (facultatif)

Préparation

Lavez la betterave et exprimez son jus. Pelez et épépinez le melon, puis exprimez le jus de la pulpe. Dénoyautez les prunes et exprimez-en le jus. Pour un jus plus épais, mélangez tous les jus avec 1 ou 2 glaçons au mélangeur ou au robot de cuisine.

Avocat, tomates et coriandre

Ce jus pourrait se décrire comme du guacamole dans un verre. Riches en protéines, en énergie et possédant de grandes propriétés protectrices, les avocats proviennent du Pérou où ils ont été cultivés pour la première fois il y a quelque 9 000 ans. Riches en potassium, dont la carence peut mener à la dépression et à l'épuisement, calorie pour calorie (environ 275 kcal par fruit), ils offrent une importante valeur nutritive.

Ingrédients

1 portion

1 avocat, dénoyauté

2 tomates

Brin de coriandre fraîche

Préparation

Pelez l'avocat. Lavez les tomates, coupez-les en morceaux et hachez un peu de coriandre. Mélangez tous les ingrédients au mélangeur ou au robot de cuisine. Garnissez d'un brin de coriandre ou parsemez d'un peu de ciboulette ou de ciboule hachée pour plus de croquant et de vitamine A.

Tisane au gingembre

Les huiles volatiles contenues dans le gingembre, qui lui donnent son merveilleux goût, sont antiseptiques, rehaussent le système immunitaire et aident à éliminer les infections. Mélangée avec la vitamine C des citrons et la douceur du miel, cette tisane aromatique chaude vous réconfortera par temps froid.

Ingrédients

1 portion

2 cm (1/2 po) de rhizome de gingembre frais, pelé et tranché finement

250 ml (1 tasse) d'eau

5 ml (1 c. à thé) de miel (ou de cassonade)

Quartier de citron pour garnir

Préparation

Faites mijoter le gingembre pelé et tranché dans de l'eau chaude de 10 à 15 minutes ou plus longtemps si vous préférez une boisson plus forte ! Ajoutez le miel ou la cassonade, filtrez dans un verre à l'épreuve de la chaleur et garnissez d'un quartier de citron.

Tisane glacée au citron et au gingembre

Une merveilleuse boisson froide, rafraîchissante et tonifiante, idéale pour l'été, qui possède toutes les propriétés requise pour fortifier le système immunitaire.

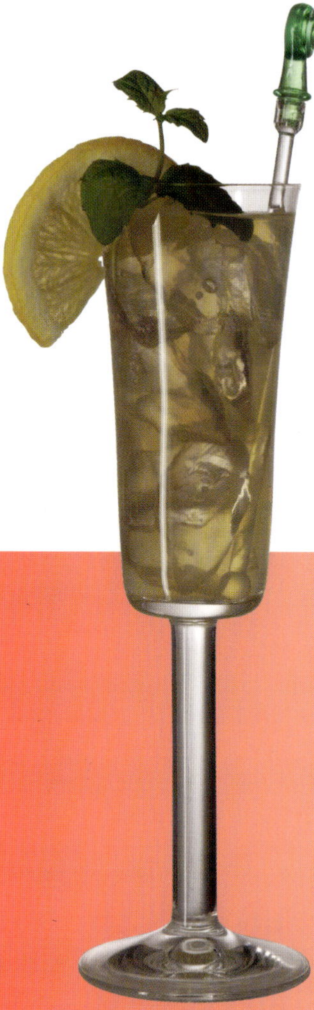

Ingrédients

4 portions

10 cm (4 po) de rhizome de gingembre frais, pelé et tranché finement

1 l (4 tasses) d'eau

30 ml (2 c. à soupe) de miel

15 ml (1 c. à soupe) de cassonade

Zeste de deux citrons

250 ml (1 tasse) de jus de citron frais

Tranches de citron et brin de menthe pour garnir

Préparation

Dans une casserole moyenne, amenez à ébullition l'eau, le miel, la cassonade, le gingembre, le jus et le zeste de citron. Mélangez jusqu'à ce que le miel et la cassonade soient dissous. Retirez la casserole du feu, couvrez et laissez infuser pendant 30 à 40 minutes. Ôtez le couvercle et laissez refroidir complètement. Versez dans une carafe et réfrigérez. Servez la tisane sur des glaçons, garnie de tranches de citron et d'un brin de menthe.

Cocktail de fruits énergisant

Rafraîchissez, nourrissez et revivifiez votre corps et votre âme tout en fortifiant votre système immunitaire pour lui permettre de lutter contre les infections virales avec ce cocktail de fruits énergisant.

Ingrédients

1 portion

1/2 pamplemousse rose

200 g (7 oz) de canneberges

2 pommes

Menthe fraîche pour garnir

Préparation

Pressez le pamplemousse ou exprimez-en le jus. Exprimez le jus des canneberges et des pommes, puis mélangez les jus dans un verre, sur 1 ou 2 glaçons si vous le désirez, et garnissez d'un brin de menthe fraîche.

Super carburant

Un cocktail de vitamines A, C et E, avec en prime des protéines, des matières grasses et des minéraux essentiels tels que le calcium, le zinc, le magnésium, le potassium et le fer, une courtoisie des amandes. Cependant, parce qu'elles sont aussi riches en acides oxalique et phytique en se mélangeant à ces minéraux pour les éliminer de l'organisme, le bienfait des amandes est mieux absorbé avec un fort apport en vitamine C.

Ingrédients

1 portion

1 nectarine ou 1 pêche

7,5 ml (1/2 c. à soupe) d'amandes moulues

1/2 pamplemousse rose

1 orange

1 poire

Préparation

Exprimez le jus de la nectarine et de la poire ou pelez-les et réduisez-les en purée (en réservant une ou deux rondelles de nectarine pour garnir). Pressez le pamplemousse et l'orange ou exprimez-en le jus. Réduisez en purée les amandes moulues avec les jus et mélangez en une préparation lisse et mousseuse. Versez dans un verre et garnissez d'un peu du fruit réservé.

Cocktail à la noix de coco

Un super cocktail pour l'été : nourrissant, grâce à la noix de coco, lorsqu'il fait trop chaud pour manger, mais qui vous rassasiera et vous remplira d'énergie pour vous maintenir en forme. La papaye contient des vitamines A et C et, comme la plupart des autres fruits et légumes de couleur orange, elle est une excellente source de bêtacarotène, qui fournit une protection contre les effets nuisibles des rayons solaires.

Ingrédients

1 portion

1 nectarine ou 1 pêche

1/2 papaye

1/2 pamplemousse rose

15 ml (1 c. à soupe) de noix de coco râpée

75 g (2 oz) de raisins rouges

Eau minérale froide

Préparation

Lavez et dénoyautez la nectarine, puis exprimez-en le jus. Pelez et épépinez la papaye et exprimez-en le jus. Exprimez le jus du pamplemousse et des raisins. Mélangez tous les jus avec la noix de coco râpée, versez dans un verre et remplissez d'eau minérale froide. Parsemez d'un peu de noix de coco râpée et garnissez de quelques raisins.

Punch à la tisane et aux fruits

Les sachets de tisane sont offerts dans une grande variété : fenouil, bourrache, fleurs de sureau, citronnelle, sauge, camomille, menthe, menthe poivrée et même ortie, pour n'en nommer que quelques-unes que l'on trouve dans les supermarchés ou les boutiques d'alimentation naturelle. Chaque herbe a des propriétés qui lui sont propres (voir pages 42 à 45 pour plus de détails); on les utilise depuis des siècles pour prévenir et traiter de nombreuses maladies. Elles sont simples à préparer; il suffit d'ajouter de l'eau bouillante et un sachet de tisane dans une tasse, mais elles peuvent aussi servir de base pour les fruits et pour les punchs !

Ingrédients

1 portion

1 sachet de tisane de votre choix

150 ml (5 oz liq.) d'eau bouillante

1/2 papaye

1/4 de melon jaune

1/4 de petit ananas

Préparation

Faites bouillir l'eau, versez-la sur le sachet de tisane et laissez infuser de 5 à 7 minutes. Pelez et épépinez la papaye et le melon, pelez l'ananas. Au mélangeur ou au robot de cuisine, réduisez en purée les pulpes d'ananas, de melon et de papaye. Retirez le sachet de tisane, versez le liquide dans la purée de fruits et mélangez bien. Avec de l'eau chaude, rincez à l'eau bouillante une tasse à l'épreuve de la chaleur pour la réchauffer, versez la boisson dans la tasse et buvez lentement.

Mangue magique

Un mélange exotique de fruits remplis d'énergie et de vitamines pour vous propulser à travers la journée et maintenir votre système immunitaire au meilleur de sa forme.

Ingrédients

1 portion

1/2 mangue

1/2 pamplemousse rose

1/4 d'ananas

75 g (2 oz) de raisins rouges

Préparation

Pelez et dénoyautez la mangue, exprimez le jus de la pulpe. Pelez l'ananas et exprimez le jus de la pulpe. Pressez le demi-pamplemousse ou exprimez-en le jus; exprimez aussi le jus des raisins. Mélangez les jus dans un verre, sur des glaçons si vous le désirez, et garnissez d'un petit fruit.

Plaisir d'été

L'été, sous l'effet d'une transpiration plus importante, notre organisme peut perdre de nombreux minéraux essentiels. Nous remplaçons souvent les liquides perdus en buvant de l'eau, mais dans notre quête de la soif, nous oublions de remplacer les vitamines et les minéraux. Du jus de fruit et de légume frais étanchera votre soif tout en vous assurant de conserver vos réserves d'énergie, de vitamines et de minéraux.

Ingrédients

1 portion

75 g (2 oz) de raisins – les rouge fonc et les noirs renferment plus de flavonoïdes que les verts !

1/4 de melon jaune

1/2 mangue

1/4 d'ananas

Quelques raisins pour garnir

Glaçons

Préparation

Pelez et épépinez le melon, puis exprimez le jus de la pulpe. Pelez et dénoyautez la mangue, puis exprimez le jus de la pulpe. Pelez l'ananas et exprimez le jus de la pulpe. Lavez les raisins, asséchez-les, équeutez-les et exprimez-en le jus. Mélangez bien tous les jus, puis versez-les sur des glaçons dans un grand verre; garnissez des raisins réservés ou d'un petit morceau de chacun des fruits utilisés.

Remontant aux cerises

Rehaussez votre énergie avec ce délicieux mélange de cerises, de cassis et de betterave. Ne vous alarmez pas en voyant qu'il y a de la betterave – son jus, étonnamment sucré, favorise la production de globules rouges pour maintenir le cœur, les nerfs et les muscles en excellente forme. Cette boisson est aussi délicieuse prise froide !

Ingrédients

1 portion

75 g (3 1/2 oz) de cerises, dénoyautées et équeutées

75 g (3 1/2 oz) de cassis

1/2 petite betterave

Préparation

Lavez et préparez les fruits; coupez la tige fibreuse à la base de la betterave. Exprimez le jus de la betterave, des cerises et des cassis. Mélangez les jus dans une casserole et faites chauffer doucement. Versez dans un verre à l'épreuve de la chaleur ou versez les jus dans un verre sur des glaçons et garnissez de 1 ou 2 cerises.

Délices verts

L'avocat pour rehausser votre énergie, l'aneth pour apaiser l'estomac, la ciboulette pour nettoyer l'appareil et le yaourt nature aux ferments actifs pour améliorer le taux des bonnes bactéries dans les intestins et pour élever l'esprit. Parce que le yaourt synthétise un peu des vitamines B, il aide à prévenir les périodes de déprime lorsque vous avez les bleus.

Ingrédients

1 portion

1 avocat

150 ml (5 oz liq.) de yaourt nature aux ferments actifs

Aneth frais

Ciboulette fraîche

Assaisonnement au goût

Eau minérale (facultatif)

Préparation

Hachez finement la ciboulette et l'aneth. Pelez et dénoyautez l'avocat; coupez la pulpe en morceaux. Au mélangeur ou au robot de cuisine, réduisez la chair d'avocat, les fines herbes et le yaourt en une préparation lisse. Assaisonnez au goût. Si la préparation est un peu trop épaisse, ajoutez un peu d'eau minérale. Versez dans un verre et parsemez de fines herbes hachées.

Mangue et fraises

Les fraises et la mangue font un mélange délicieux à la fois rafraîchissant et énergisant.

Ingrédients

1 portion

50 g (2 oz) de fraises

1/2 mangue

75 g (3 1/2 oz) de raisins

1 pomme

1 lime

Eau minérale froide, gazéifiée ou plate

Préparation

Lavez et équeutez les fraises; réservez-en une pour la garniture. Pelez et dénoyautez la demi-mangue; coupez la pulpe en morceaux. Pelez et pressez la lime ou exprimez-en le jus – réservez une tranche pour garnir. Exprimez le jus de la pomme. Au mélangeur ou au robot de cuisine, réduisez les fraises et la mangue en purée. Incorporez les jus de lime et de pomme; mélangez. Versez dans un grand verre, remplissez d'eau minérale froide si vous le désirez. Garnissez d'une rondelle de lime et de la fraise réservée.

Mangue et lime

Un doux mélange de mangue et de lait d'amande (voir la recette de la page 48) avec un goût de lime pour titiller vos papilles gustatives, qui renforcera votre système cardiovasculaire et stimulera aussi votre système immunitaire.

Ingrédients

1 portion

1 mangue, pelée et dénoyautée

100 ml (3 1/2 oz liq.) de lait d'amande

1 lime, pressée

1 rondelle de lime pour garnir

Préparation

Au mélangeur ou au robot de cuisine, mélangez la mangue, le jus de lime et le lait d'amande. Garnissez d'une rondelle de lime.

Cocktail aux légumes

Les légumes feuillus verts, la roquette, le chou frisé, le cresson, les épinards, les légumes verts du printemps et même la laitue sont tous des aliments énergisants qui rehaussent le système immunitaire. Plus les feuilles sont foncées, mieux c'est! N'hésitez pas à consommer de l'ail : ses effets nocifs sur l'haleine peuvent certes éloigner d'éventuels admirateurs (et les vampires !), mais les constructeurs des pyramides en donnaient aux ouvriers pour leur donner de la force; les athlètes de la Grèce antique en mâchaient avant les épreuves des Jeux olympiques pour améliorer leurs chances de gagner tandis que les Romains en donnaient aux légionnaires pour communiquer la bravoure !

Ingrédients

1 portion

1/2 betterave

1 poignée de roquette ou d'autres légumes à feuilles vertes

1/2 poivron rouge, épépiné

1 tomate

2 tiges de céleri – 1 réservée pour garnir

2 carottes

1 quartier de chou

1 gousse d'ail, pelée

Assaisonnement au goût

Préparation

Lavez et asséchez les légumes, coupez la tige fibreuse à la base de la betterave. Exprimez le jus de la betterave, des feuilles de roquette, du poivron rouge, du céleri, des carottes, du chou, de l'ail et de la tomate. Mélangez bien les jus dans un verre, ajoutez une tige de céleri et assaisonnez au goût.

Tomate épicée

Une bonne manière de relever un jus de tomate, de rehausser votre niveau d'énergie et de vous donner de l'appétit. Si vous ne voulez pas utiliser de piment rouge chipotle et de l'ail, remplacez-les par un peu de sauce Tabasco, de sauce Worcestershire ou même d'une pincée de poivre de Cayenne.

Ingrédients

1 portion

2 tomates mûres

2 tiges de céleri

1/2 poivron rouge, épépiné

1/4 de piment rouge chipotle, épépiné et haché finement (facultatif)

1/2 gousse d'ail, écrasée (facultatif)

Poivre noir au goût

Préparation

Exprimez le jus des tomates, du céleri et du poivron rouge. Mélangez les jus avec l'ail écrasé et le piment rouge chipotle finement haché s'il y a lieu. Assaisonnez au goût. Versez dans un verre.

Cresson et poires

Le cresson servait traditionnellement de cure au printemps pour stimuler le métabolisme. De nos jours, on l'utilise avant tout pour soulager la congestion de l'appareil respiratoire et pour stimuler les systèmes immunitaire et lymphatique. Il est riche en vitamines A, C, E, B3 et B6 et contient aussi du calcium, du manganèse, du fer, des protéines et des fibres qui ne demandent qu'à faire des merveilles sur vous ! Les poires, tout comme les pommes, sont des plus versatiles et se mélangent bien aux jus ayant un goût prononcé.

Ingrédients

1 portion

2 poires mûres

1 grosse poignée de cresson

Glaçons (facultatif)

Préparation

Lavez et équeutez les poires. Lavez et asséchez le cresson. Exprimez le jus du cresson et des poires, puis mélangez-les dans un verre rempli de glaçons. Garnissez d'un brin de cresson.

Chou et carottes

Il n'est pas étonnant qu'on ait appelé les choux « la médecine des pauvres » : ils sont riches en fibres et faibles en calories, riches en vitamines B et C, en bioflavonoïdes, en potassium et en acide folique. Les Grecs anciens appréciaient tellement leurs propriétés qu'ils ont adopté des lois rendant le vol de choux passible de la peine de mort ! Il faut bien entendu s'habituer au goût du jus de chou, mais il se prend plus facilement si on le mélange avec d'autres jus plus sucrés tels que du jus de carotte et un peu de jus de céleri pour en relever un peu le goût et obtenir un excellent énergisant qui aidera à combattre le rhume et la grippe.

Ingrédients

1 portion

1/3 de petit chou, rouge, blanc ou de préférence vert foncé

2 carottes

2 tiges de céleri

Coriandre fraîche pour garnir

Préparation

Lavez les légumes et exprimez le jus du chou, du céleri et des carottes. Mélangez bien les jus dans un verre et garnissez d'un peu de coriandre fraîche.

Soleil, soleil !

Une merveilleuse façon de commencer une journée avec énergie !

Ingrédients

1 portion

1 pomme

2 carottes

1 orange

Brin de menthe fraîche

Préparation

Lavez les carottes et exprimez-en le jus. Coupez une rondelle ou un petit quartier d'une orange pour la garniture et pressez le reste du fruit. Lavez la pomme et exprimez-en le jus. Mélangez les jus dans un verre et garnissez d'orange et d'un brin de menthe fraîche.

Betterave épicée

Un jus fantastique à déguster en matinée ou en après-midi pour redonner de l'énergie. La betterave permet de rehausser le taux de fer de l'organisme et fournit l'énergie nécessaire pour terminer la journée.

Ingrédients

1 portion

2 carottes

1 orange

1/4 de betterave

2 cm (1 po) de rhizome de gingembre frais

Rondelle d'orange pour garnir

Préparation

Lavez la betterave, coupez la tige fibreuse à la base et exprimez le jus. Lavez les carottes et exprimez-en le jus. Pelez le gingembre et l'orange et exprimez-en le jus. Mélangez les jus dans un verre et garnissez d'une rondelle d'orange.

Abricots et gingembre

Les abricots étaient le nectar des dieux dans la Grèce et la Rome antiques et leur superbe couleur dorée témoigne de leur richesse en vitamine A et en bêtacarotène. Pleins de nutriments, les abricots sont nourrissants et fortifiants et sont idéals pour toute personne qui se sent fatiguée et abattue.

Ingrédients

1 portion

5 ou 6 abricots, dénoyautés

2 petites pommes

100 ml (3 1/2 oz liq.) de lait (soja, riz, vache, chèvre, selon la préférence)

5 ml (1 c. à thé) de gingembre frais, pelé et haché finement

Préparation

Lavez les abricots et les pommes et exprimez-en le jus. Au mélangeur ou au robot de cuisine, mélangez les jus, le gingembre et le lait. Versez dans un verre. Garnissez d'un peu d'abricot frais, si vous le désirez.

Betterave et pommes

Une boisson vraiment nourrissante et énergisante, remplie de vitamines et de minéraux, au goût délicieux !

Ingrédients

1 portion

3 petites pommes

1/2 petite betterave

Préparation

Lavez la betterave, coupez la tige fibreuse, puis exprimez le jus. Lavez les pommes et exprimez-en le jus. Mélangez les jus dans un verre, sur des glaçons si vous le désirez, et sentez-vous revivre !

Carottes, citron et ail

Le jus de carotte est une des boissons les plus faciles à préparer et des plus délicieuses. Seul, il peut paraître un peu sucré, ajoutez-y du piquant grâce au citron et à l'ail.

Ingrédients

1 portion

2 carottes

1/2 citron

1 gousse d'ail, pelée

Poivre noir (facultatif)

Préparation

Lavez les carottes et exprimez-en le jus. Exprimez le jus de l'ail, écrasez-le ou hachez-le. Plus il sera haché fin, plus sa saveur s'en dégagera. Pressez le demi-citron. Mélangez tous les jus dans un verre et saupoudrez de poivre noir (facultatif) pour servir.

Environnement

Cette boisson a un goût étonnamment doux. Elle se prépare avec les feuilles vert foncé du chou frisé, un des légumes les plus goûteux de la famille des choux, dont les propriétés permettent entre autres de favoriser la circulation de l'oxygène dans les tissus de l'organisme et d'aider le corps à libérer l'énergie contenue dans les aliments. Si vous vous sentez déprimé, cette boisson redonnera à votre corps l'énergie dont il a besoin.

Ingrédients

1 portion

4 petits fleurons de brocoli

1 petite poignée de feuilles de chou frisé

1 petite tige de céleri

1 pomme

1 petit bouquet de persil; une tige réservée pour garnir

Préparation

Lavez et asséchez les légumes et la pomme. Exprimez le jus du brocoli, du chou, du céleri, du persil et de la pomme et mélangez les jus dans un verre. Garnissez d'un brin de persil.

Dîner vert

Une boisson légère et rafraîchissante, avec un goût d'herbe poivrée provenant des feuilles vert foncé de la roquette ou du cresson.

Ingrédients

1 portion

2 pommes

150 g (5 oz) de raisins blancs

25 g (1 oz) de roquette ou de cresson

1 petit bouquet de coriandre fraîche; quelques brins réservés pour garnir

Le jus de 1/2 lime; une rondelle réservée pour garnir

Préparation

Lavez et asséchez les ingrédients. Exprimez le jus des pommes, du cresson ou de la roquette, de la coriandre et des raisins. Mélangez tous les jus dans un verre et garnissez d'une rondelle de lime.

Espace vert

Cru, le fenouil de Florence a une saveur délicate qui est un mélange de céleri et de réglisse. En grec, le fenouil se nomme *marathon* : en l'an 490 av. J.-C., les Grecs ont défait les Perses lors d'un combat mené dans un champ de fenouil et les coureurs ont parcouru plus de 42 kilomètres pour aller annoncer la victoire à Athènes ! Le fenouil est une bonne source de vitamine A et il est faible en calories. Nous ne pouvons pas vous garantir une médaille d'or olympique, mais cette boisson vous donnera suffisamment d'énergie pour la journée !

Ingrédients

1 portion

1/2 bulbe de fenouil de Florence

1/3 de petit chou rouge

2 pommes

1/2 citron

Préparation

Hachez le chou et exprimez-en le jus. Coupez la tige du bulbe de fenouil et exprimez le jus du bulbe. Hachez les pommes et exprimez-en le jus. Pelez le citron, réservez une rondelle ou un quartier pour garnir, et pressez-en une moitié. Mélangez les jus dans un verre et garnissez d'une rondelle de citron.

Petits fruits des tropiques

Cette boisson vraiment nourrissante, qui ressemble davantage à un repas, est un mélange de fruits tropicaux, de cassis et de fraises. Elles est riche en vitamine C et possède des propriétés permettant de rehausser le système immunitaire. Vous pouvez la préparer avec une centrifugeuse, un mélangeur ou un robot de cuisine et la servir sur des glaçons, sur de la glace concassée ou même en y ajoutant un peu de yaourt nature aux ferments actifs pour obtenir une riche texture onctueuse.

Ingrédients

1 portion

1 goyave, pelée

1/2 papaye, épépinée et pelée

1 petite banane

50 g (1 3/4 oz) de cassis

50 g (1 3/4 oz) de fraises; une fraise réservée pour garnir

Préparation

Lavez et préparez les fruits. Au mélangeur ou au robot de cuisine, réduisez-les en une préparation lisse. Versez dans un verre rempli de glaçons et garnissez avec la fraise.

Goyave et pommes

La goyave est très riche en vitamine C : un fruit moyen comble l'apport requis pour environ cinq jours ! Même la goyave en conserve, malgré la perte qui survient pendant sa mise en boîte, renferme toujours les deux tiers de sa teneur originale en vitamine C !

Ingrédients

1 portion

1 goyave, pelée

2 pommes

Rondelle de lime, de citron ou d'orange, pour garnir

Préparation

Pelez la goyave, puis prélevez la pulpe. Exprimez le jus des pommes. Mélangez-le bien avec la pulpe de la goyave. Versez dans un verre et garnissez d'une rondelle de citron, de lime ou d'orange.

Poireau et gingembre

Les poireaux sont utilisés comme aliment et comme remède depuis quelque 4 000 ans : les Grecs anciens et les Romains anciens les appréciaient pour les problèmes de gorge et l'empereur romain, Néron, en consommait tous les jours pour améliorer sa voix ! À titre de membre de la famille des alliacées avec l'ail, la ciboulette et les oignons, les poireaux constituent une bonne source de potassium et d'acide folique, et leurs feuilles vert foncé sont riches en bêtacarotène converti en vitamine A par l'organisme. Ici, le goût d'oignon des poireaux est modéré par la douceur des pommes et du gingembre.

Ingrédients

1 portion

1 petit poireau, avec le plus de vert foncé possible

3 pommes

2 cm (3/4 po) de rhizome de gingembre pelé

Préparation

Tranchez les racines du poireau, mais conservez les feuilles vertes. Lavez et hachez les pommes. Exprimez le jus du poireau, du gingembre et des pommes. Mélangez les jus dans un verre. Garnissez d'une tranche de pomme si vous le désirez.

Pommes et poireau

Une légère variante de la recette précédente : remplacez le gingembre par du céleri.

Ingrédients

1 portion

1 petit poireau

2 pommes

2 tiges de céleri – 1 tige réservée pour garnir

Préparation

Coupez les racines du poireau, mais conservez les feuilles. Lavez et coupez les pommes en morceaux. Lavez le céleri; laissez les feuilles sur la tige réservée. Exprimez le jus du poireau, puis d'une tige de céleri et des pommes. Mélangez les jus dans un verre et garnissez de la tige de céleri réservée.

Jus revigorant

Si vous vous sentez fatigué et que vous avez une douleur aux épaules et au dos, faites ce mélange dont les propriétés ont la réputation de soulager la douleur. Si vous consommez la garniture, ne vous inquiétez pas pour votre haleine : le persil est reconnu pour rafraîchir l'haleine.

Ingrédients

1 portion

2 petits poireaux

2 carottes

Brins de persil; en réserver un peu pour garnir

Préparation

Coupez les racines des poireaux et lavez les carottes. Exprimez le jus des poireaux, des carottes et du persil. Mélangez les jus dans un verre et garnissez d'un ou de deux brins de persil.

Concombre rafraîchissant

En raison de leur haute teneur en eau, les concombres sont très rafraîchissants et renferment peu de calories, ce qui compense avec le fait que leur contenu en minéraux et en vitamines est relativement faible. Ils sont merveilleux pour vous rasséréner lorsque vous avez l'impression d'étouffer dans un bureau surchauffé où l'air est très sec. Si vous êtes resté trop longtemps devant un écran d'ordinateur et que vos yeux sont fatigués, vous pouvez même en appliquer quelques rondelles dessus pour les soulager !

Ingrédients

1 portion

1/2 concombre

1 tomate

1/2 poivron vert, épépiné

1 gousse d'ail, pelée (facultatif)

2 brins d'aneth frais; en réserver 1 pour garnir

Préparation

Lavez et préparez les ingrédients; exprimez le jus de la tomate, du poivron vert, de l'ail (facultatif), du concombre et d'un brin d'aneth. Mélangez les jus dans un verre et garnissez du brin d'aneth réservé et d'une ou de deux rondelles de concombre.

Pamplemousse et cassis

Les pamplemousses jaunes sont souvent plus abordables que les pamplemousses roses ou rubis. La plupart des gens ont d'abord connu la variété jaune, dont le goût amer peut être un peu rebutant. Cependant, mélangées avec un autre fruit, ces sphères jaune soleil deviennent sucrées et agréables au goût !

Ingrédients

1 portion

1 pamplemousse

1 pomme

75 g (3 oz) ou plus de cassis

Préparation

Pelez le pamplemousse; conservez une tranche pour garnir. Rincez et équeutez les cassis. Lavez la pomme et coupez-la en morceaux. Exprimez le jus des cassis, puis du pamplemousse et enfin des pommes. Mélangez les jus dans un verre et garnissez d'un peu de fruits frais.

Carottes, orange et coriandre

Si vous vous sentez congestionné, essayez ce mélange aromatique. Il possède des propriétés nettoyantes. C'est un excellent moyen de terminer une journée de travail et de passer à autre chose !

Ingrédients

1 portion

2 carottes

1 orange

1 petit bouquet de coriandre; réserver 1 ou 2 brins pour garnir

Glaçons

Préparation

Lavez les carottes, pelez l'orange et exprimez-en le jus. Hachez finement la coriandre. Mettez quelques glaçons dans un verre, versez les jus dessus et remuez. Garnissez d'un ou de deux brins de coriandre fraîche.

Gargarisme à l'ail

Cette boisson est efficace pour s'approprier les antioxydants et les propriétés antivirales de l'ail. Une amie actrice la recommande avant de sortir par temps venteux ou pluvieux. Vous pouvez préparer votre corps à combattre les germes du rhume. Le bêtacarotène des carottes aide à tonifier les muqueuses et facilite la respiration. Si vous consommez les brins de persil à la fin, vous ne risquez pas d'avoir une haleine aillée.

Ingrédients

1 portion

2 gousses d'ail

4 carottes

3 brins de persil ou plus

Préparation

Lavez les carottes et exprimez-en le jus. Pelez les gousses d'ail et exprimez-en le jus. Mélangez bien les jus dans un verre et garnissez de persil.

Explosion de framboises

Tellement délicieuse que vous pouvez servir cette boisson aux repas de fête pour remplacer le vin !

Ingrédients

1 portion

1 citron

2 oranges

125 g (4 oz) de framboises

Brin de citronnelle ou de menthe fraîche

Préparation

Pelez les oranges et le citron. Rincez les framboises et exprimez-en le jus. Pressez les oranges et le citron. Mélangez les jus dans un verre et garnissez de quelques framboises et d'un brin de citronnelle ou de menthe fraîche.

Lait frappé à la mangue

Une boisson vivifiante avec une touche de lime. Vous pouvez remplacer le lait de riz par du yaourt nature aux ferments actifs.

Ingrédients

1 portion

1 mangue mûre

Quelques gouttes de jus de citron

250 ml (1 tasse) de lait de riz ou plus

Menthe fraîche ou citronnelle pour garnir

Préparation

Pelez la mangue, prélevez-en la pulpe et mettez-la dans le récipient du mélangeur ou du robot de cuisine avec un peu de jus de lime. Ajoutez le lait de riz et mélangez jusqu'à ce que la préparation soit lisse. Versez dans un verre et garnissez d'un brin de citronnelle ou de menthe.

Yaourt fouetté aux mandarines et aux lychees

La coque rouge brillant des lychees cache un fruit dont la pulpe est à la fois acide et sucrée, un peu comme un raisin. Ces fruits sont d'excellentes sources de vitamines B et C et sont bons pour la digestion, ce qui explique pourquoi ils sont souvent servis à la fin d'un repas chinois. Mélangée avec des mandarines, ou des clémentines ou des satsumas, ou même avec des variétés hybrides comme les tangerines (un mélange mandarine orange), les tangelos (un mélange mandarine, pamplemousse et pomelo), cette boisson rehaussera votre taux de potassium et vous fournira une bonne quantité de folates qui sont nécessaires pour vous éviter la fatigue ou pire, l'anémie.

Ingrédients

1 portion

100 g (4 oz) de lychees, pelés (ou en conserve, les laver et les égoutter s'ils sont dans du sirop)

3 mandarines, ou satsumas ou clémentines

100 ml (3 1/2 oz liq.) de yaourt aux ferments actifs nature

1 pincée de gingembre râpé ou moulu

Préparation

Pelez les lychees et les mandarines. Au mélangeur ou au robot de cuisine, réduisez-les en un mélange lisse et crémeux avec le yaourt. Versez dans un verre et saupoudrez de gingembre frais râpé ou de gingembre moulu.

Raita au concombre

Le mélange concombre et yaourt présente des propriétés rafraîchissantes qui équilibrent l'effet piquant des caris indiens. Même sans cari, cette boisson est vivifiante et rafraîchissante en plus d'être faible en calories et bénéfique pour le système immunitaire.

Ingrédients

1 portion

1/4 de concombre, pelé et coupé en dés, plus quelques rondelles pour garnir

100 ml (3 1/2 oz liq.) de yaourt nature aux ferments actifs

100 ml (3 1/2 oz liq.) de lait

10 à 12 feuilles de menthe et un brin réservé pour garnir

Quelques gouttes de jus de lime

Sel au goût

Glaçons

Préparation

Au mélangeur ou au robot de cuisine, mélangez le concombre, le yaourt, le lait et la menthe. Versez dans un verre à moitié rempli de glaçons. Garnissez d'un brin de menthe et de quelques rondelles de concombre.

Petit-lait aux abricots et à la pomme

Le petit-lait est le liquide, et le fromage mou, qui reste lorsqu'on fait du fromage dur comme du cheddar. Le fromage blanc que nous connaissons bien, finit souvent dans de délicieux gâteaux au fromage. Le petit-lait peut aussi se retrouver à la surface du yaourt et c'est le liquide égoutté lorsque vous fabriquez du yaourt (voir la recette de la page 49). Malheureusement, la plupart des gens jettent le petit-lait malgré sa richesse en acide lactique et en protéines. Si vous ne voulez vraiment pas en consommer, remplacez-le par du babeurre ou par du yaourt nature aux ferments actifs et utilisez-le plutôt pour vous rincer les cheveux; il leur donnera un éclat surprenant !

Ingrédients

1 portion

4 abricots frais (ou 3 à 4 abricots séchés, réhydratés en les faisant cuire dans un peu d'eau jusqu'à ce qu'ils soient charnus, puis refroidir et les égoutter)

1 pomme

100 ml (3 1/2 oz liq.) de petit-lait ou de babeurre ou de yaourt nature aux ferments actifs

Préparation

Lavez et dénoyautez les abricots frais. Lavez la pomme. Exprimez le jus des abricots et de la pomme. Mélangez bien les jus avec le petit-lait, le babeurre ou le yaourt. Versez dans un verre et garnissez d'un peu d'abricot si vous le désirez.

Jus pour les articulations

Riche en vitamines A et C, le mélange de céleri et de carottes remonte à l'Égypte ancienne. Si les pyramides ont pu être construites grâce à la consommation de ce jus, imaginez ce que vous pouvez faire ! Il est aussi réputé pour soulager les douleurs articulaires, donc buvez-le après une séance d'exercices au gymnase ou après une partie de squash.

Ingrédients

1 portion

2 tiges de céleri

4 carottes

2 ou 3 brins de persil

Assaisonnement au goût

Préparation

Lavez les carottes et le céleri et exprimez-en le jus ainsi qu'un peu de persil; conservez un brin pour garnir. Mélangez les jus et versez-les dans un verre. Garnissez d'un brin de persil et ajoutez une tige de céleri pour remuer et pour exercer vos muscles faciaux !

Réchauffe-cœur

Voici une autre boisson nutritive et vivifiante, parfaite après les sports d'hiver pour élever l'esprit et guérir le corps !

Ingrédients

1 portion

2 carottes

1/2 petite betterave

2 tiges de céleri

1/2 citron

1 ou 2 gousses d'ail (selon que vous avez ou non un rendez-vous plus tard !)

2 cm (1 po) de rhizome de gingembre frais, pelé

Préparation

Lavez et préparez les légumes. Exprimez le jus de la betterave, du céleri et des carottes. Exprimez le jus de la gousse d'ail ou hachez-la très finement. Exprimez le jus du gingembre, hachez-le ou râpez-le finement. Pelez le demi-citron et exprimez-en le jus (ou pressez-le). Mélangez bien tous les ingrédients et versez dans un verre. Garnissez d'une rondelle de citron et ajoutez une tige de céleri pour remuer.

Des boissons de haute énergie

Vous êtes fatigué ? Vous manquez de concentration ? Vous êtes grognon ? Cela vous semble bien familier, non ! En fait, cela paraît tellement familier qu'on a tendance à croire que c'est normal. Nous nous tournons trop souvent vers une tasse de café ou de thé, une boisson riche en sucre ou une tablette de chocolat pour retrouver notre énergie. À court terme, nous sentons effectivement un regain d'énergie, mais il est habituellement très vite suivi d'un creux qui nous laisse faibles, parfois plus faibles qu'avant d'avoir pris une bouchée. Boire trois petites boissons énergétiques par jour renouvellera votre énergie et permettra d'augmenter votre activité, aidant à prévenir ces creux durant la matinée ou au milieu de l'après-midi. Vous pouvez même apporter du jus dans un thermos au travail à condition de l'avoir réfrigéré et conservé au frais au préalable. Il aura aussi bon goût au repas du midi que lorsque vous l'avez préparé. À la maison, l'ajout d'une banane, qui est remplie de bons ingrédients énergétiques, donnera de la consistance à votre boisson.

Les jus de fruits contiennent beaucoup de fructose, un excellent énergisant. Un jus de fruits le matin est donc un excellent moyen de commencer la journée avec entrain. Mais à mesure que la journée passe, la plupart d'entre nous subissent une plus faible libération d'énergie et une diminution de son approvisionnement. En exprimant le jus des légumes et en les mélangeant avec les jus de fruits, on obtient un meilleur équilibre entre l'énergie fournie par le fructose, les fibres, les vitamines et les minéraux que n'offriraient des jus de fruits seuls. Les légumes feuillus verts, en raison de leur riche contenu en fer, sont merveilleux pour redonner de l'énergie aux organismes fatigués.

Si vous faites du sport dans vos moments libres, ou si vous essayez d'être en meilleure forme physique, vous devez nourrir vos muscles. Si vous ne le faites pas, ils se plaindront ! Les douleurs et les crampes sont des signes que vos muscles ont besoin de plus de minéraux pour pouvoir continuer de travailler avec un maximum d'efficacité. Notre corps perd aussi des minéraux, surtout du magnésium et du potassium, lorsque nous transpirons. La consommation de cocktails de fruits et de légumes frais représente la meilleure façon de refaire le plein en minéraux.

Les boissons à base de fruits et de légumes réhydratent aussi le corps en remplaçant les liquides perdus, mais il a été prouvé que la plupart des jus purs (sauf ceux qui sont à base de fruits et de légumes et qui contiennent beaucoup d'eau comme les concombres et les melons) sont vraiment trop concentrés et ne contiennent pas suffisamment d'eau pour remplacer les liquides perdus par la transpiration. Les sportifs et les femmes devraient les diluer avec de l'eau, surtout de l'eau minérale qui est riche en magnésium. Lisez donc les étiquettes sur les bouteilles d'eau !

À la fin d'une longue journée, quand vous arrivez chez vous fatigué et que vous avez peine à répondre à la question « Comment s'est passée ta journée ? », vous ne pensez peut-être pas qu'une boisson énergisante à base de fruits et de légumes, remplie de vitamines et de minéraux, est ce qu'il vous faut ! Plutôt que de vous précipiter sur une bière ou sur une boisson alcoolisée, prenez la centrifugeuse ! La soirée doit se passer agréablement entre amis, en famille et en amoureux. Accueillez avec enthousiasme un regain d'énergie : laissez la journée derrière vous, rehaussez votre taux d'énergie pour la soirée et la nuit ! Allez-y, amusez-vous. Après tout, vous n'êtes plus au travail !

Attention !

Si vous êtes malade, si vous avez ou croyez avoir une allergie ou une intolérance alimentaire, vous devez consulter un médecin. Les recettes suggérées ici NE remplacent PAS un avis médical ni des médicaments sur ordonnance !

Énergisant aux bananes et aux dattes

On dit que les dattes sont « des bonbons qui poussent dans les arbres ». Fraîches ou séchées, elles font d'excellents goûters énergétiques : elles renferment de 75 à 80 % de sucres naturels, elles sont riches en glucides et en énergie alimentaire. Elles contiennent aussi du potassium, du calcium et du magnésium ainsi que de petites quantités de vitamines A, du complexe B et C. Les bananes sont riches en glucides, mais faibles en gras et en protéines et, étonnamment, elles contiennent deux fois plus de vitamine C qu'une pomme. Ensemble, les bananes et les dattes sont délicieuses, nutritives et satisfaisantes et cette boisson vous fournira de l'énergie à long terme.

Ingrédients

1 portion

300 ml (1 1/4 tasse) de lait de vache, de chèvre, de soja, d'amande ou de riz, au choix

2 petites bananes mûres

6 dattes séchées, dénoyautées

1 pincée de cannelle moulue pour garnir

Préparation

Pelez les bananes. Coupez les fruits en morceaux et réduisez-les en une préparation lisse au mélangeur ou au robot de cuisine, avec le lait. Saupoudrez d'une pincée de cannelle moulue. (Il est possible de préparer une boisson plus épaisse, idéale pour le petit déjeuner, en remplaçant le lait par du yaourt nature aux ferments actifs.)

Fièvre du printemps

Quatre variétés de fruits pour vous fournir les vitamines et les minéraux dont vous avez besoin ainsi qu'un regain d'énergie pour affronter vos activités de la journée.

Ingrédients

1 portion

1/2 papaye

2 kiwis

1 orange

1/2 pamplemousse

Eau minérale légèrement refroidie

Préparation

Pelez et épépinez la papaye. Pelez les kiwis; réservez une ou deux rondelles pour garnir. Réduisez la papaye et les kiwis en une purée lisse. Exprimez le jus de l'orange et de la moitié du pamplemousse ou les presser. Incorporez la purée de fruits. Pour liquéfier légèrement la préparation, ajoutez un peu d'eau minérale légèrement refroidie. Versez dans un grand verre et garnissez de rondelles de kiwis.

Mélange blanc

Si vous ne pouvez pas trouver de babeurre, rappelez-vous que vous pouvez toujours le remplacer par du yaourt nature aux ferments actifs. Cet énergisant vous offre une prime : il est parsemé d'un peu de chocolat râpé. Parfois, il n'y a que le chocolat pour vous stimuler vraiment. Les Aztèques l'appelaient la nourriture des dieux, mais les simples mortels peuvent aussi profiter de ses bienfaits ! De plus, le chocolat est riche en phényléthylamine, la même substance que le cerveau synthétise lorsqu'on est amoureux.

Ingrédients

1 portion

1 kiwi

1 petite banane

1 petite pomme

75 ml (2 oz liq.) de babeurre ou de yaourt nature aux ferments actifs

Eau minérale légèrement refroidie

Un peu de chocolat râpé

Préparation

Lavez la pomme et exprimez-en le jus. Pelez le kiwi et la banane; réservez une rondelle de chacun pour garnir. Réduisez en purée le kiwi et la banane, puis incorporez le jus de pomme et le babeurre ou le yaourt. Ajoutez un peu d'eau minérale si vous le désirez, versez dans un verre et garnissez d'un peu de chocolat râpé.

Papaye et carotte

Si vous n'avez jamais songé à mélanger ces deux saveurs, vous aurez une agréable surprise, car c'est absolument délicieux !

Ingrédients

1 portion

1/2 papaye, pelée et épépinée

1 poire, pelée et évidée

1 orange, pressée ou exprimée

1 grosse carotte

Préparation

Brossez la carotte – nul besoin de la peler – et exprimez-en le jus. Exprimez le jus de la papaye et de la poire. Mélangez les jus dans un verre et garnissez d'une rondelle d'orange.

Italie

Selon John Gerard, un apothicaire du XVIe siècle, le basilic éloigne la tristesse et rend l'homme heureux. En effet, en plus d'avoir des propriétés antiseptiques, le basilic aide à élever l'esprit. On l'utilise dans toutes les régions méditerranéennes comme remède pour soulager la douleur engendrée par des céphalées de tension, des douleurs dorsales ou rhumatismales. Il accompagne particulièrement bien les tomates et ce mélange de saveurs d'Italie en fait une boisson délicieuse pour le midi.

Ingrédients

1 portion

1/2 bouquet de basilic frais; réserver quelques feuilles pour garnir

2 tomates (ou 1 grosse tomate) ou 6 à 8 tomates cerises

100 ml (3 1/2 oz liq.) de yaourt nature aux ferments actifs

Un peu de vinaigre balsamique

Un peu d'huile d'olive

Assaisonnement au goût

Préparation

Lavez et asséchez le basilic, puis détachez les feuilles et hachez-les finement. Exprimez le jus des tomates (ou broyez-les au mélangeur ou au robot de cuisine, puis filtrez-les dans un tamis à mèches fines). Réduisez ensuite le basilic haché en purée avec le jus de tomate et le yaourt. Assaisonnez au goût avec un peu d'huile d'olive, de vinaigre balsamique, de sel et de poivre. Versez dans un verre et garnissez de quelques feuilles de basilic fraîches.

Poivron épicé

Les poivrons rouges sont plus riches en vitamines A et C que leur parent, les poivrons verts ; pourtant, le poivron rouge est simplement un poivron vert qu'on a laissé mûrir, ce qui explique sa saveur plus sucrée. Faibles en calories, les poivrons sont de bonnes sources d'acide folique, de fibres et de potassium ainsi que de caroténoïdes, de bêtacarotène, de lutéine et de zéaxanthine qui semblent protéger contre la dégénérescence musculaire. Les bioflavonoïdes sont aussi importants de par leurs propriétés antioxydantes puissantes dans la lutte contre les cardiopathies et les troubles circulatoires.

Ingrédients

1 portion

1/2 poivron rouge

1 grosse carotte

1/4 d'ananas (ou 3 tranches d'ananas en conserve dans son jus, égouttées)

150 g (5 oz) de raisins

Poivre noir moulu, ou 1 pincée de poivre de Cayenne

Préparation

Lavez et épépinez le poivron, lavez la carotte (ne la pelez pas) et pelez l'ananas s'il est frais. Lavez et équeutez les raisins. Exprimez le jus du poivron, de la carotte, de l'ananas et des raisins; les mélanger dans un verre. Assaisonnez d'un peu de poivre noir ou d'une pincée de poivre de Cayenne pour obtenir une boisson plus épicée. Garnissez d'une lanière de poivron rouge.

Revitalisant

Un délicieux mélange de banane, de bleuets (myrtilles) et de nectarine dans un yaourt lisse. Congelé, il donne une délicieuse glace ! Les bleuets (myrtilles) contiennent des anthocyanosides (antibactériens) qui ont un effet tonifiant sur le sang tandis que les nectarines ne recèlent ni gras ni sodium, ce qui les rend idéales pour toute personne ayant un taux de cholestérol élevé ou des problèmes de tension artérielle. Les poires sont une bonne source d'énergie et, lorsqu'elles sont fraîches, elles renferment un sucre à base d'alcool, le sorbitol, qui est un édulcorant qu'on trouve dans beaucoup d'aliments sucrés préparés.

Ingrédients

1 portion

1 petite banane mûre

50 g (1 3/4 oz) de bleuets (myrtilles)

1 nectarine

1 petite poire mûre

100 ml (3 1/2 oz liq.) de yaourt nature aux ferments actifs

Un peu d'eau minérale (facultatif)

Préparation

Pelez la banane. Lavez les bleuets. Lavez, équeutez et évidez la poire. Lavez et dénoyautez la nectarine. Réservez quelques petits fruits et une tranche ou deux des autres fruits pour garnir. Exprimez le jus des fruits et réduisez en purée la banane dans le jus de fruits. Incorporez le yaourt. Versez dans un verre et garnissez des fruits réservés.

Énergisant

Il s'agit d'une boisson pleine de puissance, riche en magnésium, qui assure le fonctionnement des muscles.

Ingrédients

1 portion

1 petite banane mûre

1 tomate, ou 2 ou 3 tomates cerises

1 orange

1/2 pamplemousse

1/4 de petit ananas ou 2 ou 3 rondelles d'ananas en conserve

Préparation

Pelez et coupez la banane en morceaux. Exprimez le jus de la tomate, de l'orange, du pamplemousse et de l'ananas, mélangez les jus et incorporez la banane en la réduisant en purée. Versez dans un verre et garnissez d'une rondelle d'orange ou d'une tomate cerise.

Regain d'énergie

Un peu de chocolat pour vous redonner de l'énergie et vous faire sourire.

Ingrédients

1 portion

1 petite banane mûre

100 ml (3 1/2 oz liq.) de yaourt nature aux ferments actifs

Le jus de 1 orange

Un peu de chocolat râpé

Préparation

Au mélangeur ou au robot de cuisine, réduisez en purée la banane avec le yaourt et incorporez le jus d'orange. Versez dans un verre et parsemez de chocolat râpé. Pour plus d'énergie, ajoutez une cuillerée à thé de miel.

Lait frappé au babeurre

Le babeurre se trouve maintenant dans la plupart des épiceries. Il s'agit d'un sous-produit naturel du beurre baratté à partir de la crème crue non pasteurisée. (Le babeurre de culture consiste en du lait écrémé pasteurisé auquel on a ajouté une culture d'acide lactique, puis qui a été incubé. Plus épais que le lait, le babeurre, en dépit de son nom, est plus faible en gras. Il a un goût doucereux, comme le yaourt nature aux ferments actifs ; c'est pourquoi il peut facilement se remplacer par du yaourt. Il est très facile de fabriquer du yaourt, consultez la recette de la page 49.

Ingrédients

1 portion

100 ml (3 1/2 oz liq.) de babeurre ou de yaourt nature aux ferments actifs

1/4 de petit ananas ou 3 rondelles d'ananas en conserve

75 g (2 1/2 oz) de raisins

1 gousse de vanille

1 bâton de cannelle

Préparation

Exprimez le jus de l'ananas et des raisins ou réduisez-les en purée au mélangeur ou au robot de cuisine. Mélangez les jus avec du babeurre ou du yaourt. Fendez la gousse de vanille en deux dans le sens de la longueur et raclez les graines avec la pointe d'un couteau. Bien les incorporer au mélange au babeurre ou au yaourt. Versez dans un grand verre et garnissez d'un bâton de cannelle.

Ananas et petits fruits

Idéal pour contrer la fatigue : les framboises riches en fer et le goût sucré de l'ananas s'unissent pour restaurer votre taux d'énergie.

Ingrédients

1 portion

1/2 ananas ou 4 à 6 rondelles d'ananas en conserve

150 g (5 oz) de framboises

Préparation

Lavez les framboises et pelez l'ananas. Exprimez le jus des fruits ou réduisez-les en purée au mélangeur ou au robot de cuisine, puis filtrez la préparation à l'aide d'un tamis à mèches fines si vous le désirez. Mélangez les jus de fruits et versez sur des glaçons. La glace concassée vous donnera une boisson vraiment délicieuse ! Garnissez de quelques framboises et d'une tige de citronnelle ou de menthe.

Mango

Pour satisfaire les rages de sucre et vous donner du tonus, mais sans provoquer des creux comme après avoir mangé du chocolat, par exemple ! Le simple arôme des jus de mangue et d'ananas suffit pour vous revigorer !

Ingrédients

1 portion

1 mangue

1/2 ananas, ou 4 à 6 rondelles d'ananas en conserve

Préparation

Prélevez la pulpe de l'ananas s'il est frais, lavez et dénoyautez la mangue. Vous pouvez laisser la peau pour en exprimer le jus ou la peler si vous le préférez (ou si vous utilisez un mélangeur ou un robot de cuisine). Exprimez le jus de l'ananas et de la mangue ou réduisez-les en purée au mélangeur ou au robot de cuisine, puis filtrez à l'aide d'un tamis à fines mèches. Mélangez les jus dans un verre et garnissez d'un morceau d'ananas.

Carottes, épinards et avocat

Cette boisson épicée est un délicieux remontant lorsqu'elle est prise au milieu de l'après-midi, car elle vous revigorera et vous permettra de faire le plein d'énergie pour le reste de la journée.

Ingrédients

1 portion

3 carottes

5 à 7 feuilles d'épinards fraîches

1/2 avocat

Assaisonnement

Un peu de sauce Tabasco (facultatif)

Préparation

Lavez les carottes et les épinards ; asséchez-les. Exprimez le jus des épinards, puis des carottes et, au mélangeur ou au robot de cuisine, mélangez les jus avec l'avocat pour obtenir une préparation lisse. Assaisonnez au goût, puis ajoutez un peu de sauce Tabasco pour relever cette boisson si vous le désirez. Versez dans un verre et garnissez d'un peu de persil frais ou d'un bâtonnet de carotte pour mélanger.

Brocoli et pommes

Ce mélange présente un merveilleux équilibre où le goût sucré des pommes tempère le goût du brocoli qui est un légume plein de vitamines A, du complexe B et C, de calcium, de phosphore, de potassium, de fibres, d'acides aminés et de protéines. Il est aussi faible en gras et en calories, mais il vous fournira assez d'énergie pour passer l'après-midi, le moment le plus difficile de la journée lorsqu'on manque d'énergie.

Ingrédients

1 portion

2 pommes

4 fleurons de brocoli

Préparation

Lavez le brocoli et les pommes. Exprimez le jus du brocoli, puis celui des pommes et mélangez-les dans un verre. Garnissez d'un quartier de pomme.

Les 3 C

Les 3 C de cette boisson poivrée sont le cresson, les carottes et le concombre. Une excellente façon de combattre la fatigue pendant la journée.

Ingrédients

1 portion

1 grosse poignée de cresson

2 carottes

1/2 concombre

Préparation

Brossez les carottes et le concombre, sans les peler, et rincez le cresson. Exprimez le jus du cresson, puis des carottes et enfin du concombre; réservez une rondelle de concombre pour garnir. Mélangez les jus dans un verre et garnissez d'un brin de cresson et d'une rondelle de concombre.

Raisins et prunes

Une boisson simplement merveilleuse, rafraîchissante et revigorante. Savourez-la le soir, avant de sortir, lorsque vous ne connaissez pas exactement le programme de la soirée. Vous aurez assez d'énergie pour faire un marathon de danse, sans avoir envie d'un repas tard dans la soirée. Cette recette vous donnera environ 300 ml (3 1/2 oz liq.); si vous en voulez moins, coupez les quantités de moitié.

Ingrédients

1 portion

150 g (5 oz) de raisins rouges

5 prunes

Préparation

Exprimez le jus des prunes et des raisins et mélangez-les dans un verre, avec quelques glaçons si vous le désirez. Garnissez de quelques raisins et d'un quartier de prune, ou des deux.

Fortifiant

Ce nom dit tout en soi. Une superbe couleur et un goût incroyable !

Ingrédients

1 portion

2 carottes

1/2 petite betterave, 70 g (2 oz) environ

1 orange

70 g (2 oz environ) de fraises; en réserver quelques-unes pour garnir

2 ou 3 glaçons

Préparation

Exprimez le jus des carottes, de la betterave et de l'orange. Au mélangeur ou au robot de cuisine, mélangez-les avec les fraises et 2 ou 3 glaçons. Versez dans un verre et garnissez de fraises et d'un quartier d'orange.

Les sept merveilles

Sept ingrédients simples… une vraie salade dans un verre ! Une merveilleuse façon d'utiliser les restes et les extrémités des légumes. Soyez aventureux et inventif et variez la quantité des ingrédients. Pour plus d'effets, parsemez de quelques germes de luzerne ou de graines de lin, de pavot ou de sésame.

Ingrédients

1 portion

1 carotte

1/2 poivron vert, épépiné

25 g (1 oz) d'épinards

1 ciboule, hachée finement

1 tige de céleri

1/4 de concombre

1 petite tomate

Assaisonnement au goût

Préparation

Lavez les légumes; pas besoin de les peler. Exprimez le jus de la carotte, du poivron, des épinards, du céleri, de la tomate et du concombre. Mélangez les jus dans un verre, assaisonnez au goût et parsemez de ciboule hachée.

Énergie plus

Buvez vos légumes et dites adieu à la fatigue !

Ingrédients

1 portion

100 g (3 1/2 oz environ) d'épinards

1 grosse pomme

1/2 poivron jaune, épépiné

Préparation

Exprimez le jus des épinards, du poivron jaune et de la pomme et mélangez-les dans un verre. Poivrez légèrement au goût.

Fruits d'automne

Très facile à préparer, cette boisson offre une délicieuse saveur revigorante. Une façon fantastique de lutter contre les bleus les matins sombres ou les après-midi d'hiver.

Ingrédients

1 portion

2 pommes

2 poires

1/2 pamplemousse

Préparation

Exprimez le jus des pommes, des poires et du pamplemousse. Mélangez dans un verre, sur des glaçons si vous le désirez et garnissez d'un peu de fruits.

Lait frappé au chocolat

Après son introduction en Europe par Christophe Colomb, plus de 100 ans se sont écoulés avant que les gens ne s'éprennent du chocolat ! Parfois, rien d'autre ne peut le remplacer. Vous pouvez toujours utiliser le caroube, une légumineuse dont les gousses, légèrement grillées, ont un goût qui se rapproche de celui du chocolat. Contrairement au chocolat, le caroube ne renferme pas de caféine (donc pas d'excitant), mais tout comme lui, il contient de l'acide tannique qui entrave l'absorption des protéines. Certaines personnes l'aiment, d'autres non. De toute façon, l'un comme l'autre doivent être utilisés avec modération.

Ingrédients

6 carrés de chocolat à forte teneur en cacao (visez la qualité plutôt que la quantité !)

2 cuillerées de glace au chocolat

250 ml (1 tasse) de lait à 3,5 % (pas question ici de lait écrémé)

Crème fouettée pour garnir

Préparation

Râpez le chocolat ou faites-le fondre dans un bol posé sur une casserole d'eau chaude (résistez à l'idée de l'avaler tout de suite). Au mélangeur ou au robot de cuisine, réduisez le lait, le chocolat et la glace au chocolat en un mélange lisse, de la consistance désirée. À cette étape, vous pouvez ajouter une banane ou quelques petits fruits ! Versez dans un grand verre, garnissez d'une spirale de crème fouettée et peut-être d'un peu de chocolat râpé et servez avec une paille.

Les boissons antistress

Lorsqu'on est calme et à l'aise, la question du stress ne se pose pas. En fait, le stress fait partie de la vie de tous les jours et les façons dont notre corps et notre esprit y répondent ont joué un rôle clé dans la survie de l'espèce humaine. Le premier signal de prévention ou de lutte que notre corps émet automatiquement lorsque nous faisons face à un danger est à la base du problème du stress : dans nos sociétés civilisées, nous ne pouvons pas choisir la façon dont nous allons gérer un stress, soit en luttant ou en l'évitant ; la réponse de notre corps est donc contre-productive. La seule option qui s'offre à nous est de combattre, de ronchonner et de supporter ou de grincer des dents. Tandis que le stress, ou ce que nous percevons être du stress, augmente, la maladie induite par le stress augmente elle aussi. Ces maladies comprennent toutes sortes de douleurs allant de légères à mortelles : insomnie, céphalées, problèmes cutanés, cheveux ternes, asthme, hypertension artérielle, cardiopathies.

Le stress peut également affecter notre statut nutritif, ce qui, en retour, aggrave les maladies induites par le stress. Par exemple, la surproduction des acides gastriques peut mener à l'inflammation de la membrane qui tapisse l'estomac et à des ulcères et, à l'autre extrémité du tube digestif, le stress peut accélérer le passage des aliments dans le petit intestin et le côlon où beaucoup de nutriments sont absorbés et où les vitamines B sont synthétisées. Accélérer le processus signifie que les aliments, donc leurs nutriments, ne sont pas digérés comme il faut et que moins de vitamines B, les vitamines nécessaires pour maintenir le système nerveux en santé, sont synthétisées.

Les premières étapes pour faire face à un stress sont d'en gérer les causes. Cela peut se traduire par des changements majeurs à notre mode de vie ou tout simplement par le fait d'apprendre à en faire un peu moins, de ne pas se porter volontaire pour assumer de nombreuses responsabilités au travail, ou de prendre des moments de répit, par exemple. Le yoga, le tai-chi, les exercices de relaxation, le massage, l'aromathérapie, de même que certains aliments, sont tous reconnus pour les bienfaits qu'ils apportent dans la gestion du stress et le lâcher prise.

Pour combattre le stress, notre organisme a besoin de beaucoup d'aliments qui calment, soulagent et élèvent l'esprit tout en étant délicieux. Il est vital d'apprécier ce que nous consommons et buvons : si vous n'aimez pas le goût d'un aliment, votre stress ne fera qu'augmenter ! Il y a une multitude d'options possibles pour éviter de vous punir !

Quand vous êtes stressé, les derniers aliments dont vous avez besoin sont ceux qui stimulent et qui arrivent en haut de la liste de nos vieux ennemis : le café, le thé, le chocolat, les colas (évitez aussi ceux qui ne contiennent pas de caféine, car ils renferment de nombreux ingrédients artificiels dont vous n'avez pas besoin !) et les boissons pour sportifs ou énergétiques, y compris celles des pages 50 à 78 de cet ouvrage, qui contiennent toutes de la caféine. Idéalement, vous devriez limiter votre ingestion de caféine à une tasse ou deux par jour. Si vous en êtes à votre huitième tasse de café, ralentissez lentement ; vous pourrez vous rendre compte qu'un arrêt brusque peut entraîner des céphalées et un plus grand stress que lorsque vous buviez beaucoup de café !

Puisque les aliments riches en protéines élèvent le mental, vous devez les éviter. Remplacez-les par des aliments riches en glucides qui sont d'excellentes sources de tryptophane, un acide aminé que l'organisme transforme en sérotonine, l'hormone qui régularise l'humeur et qui calme : les bananes, les ananas, les figues, les tomates, les avocats, les dattes, les papayes et les fruits de la passion.

Une fois de plus, le petit déjeuner est le repas clé pour contrer le stress : il devrait vous mettre en forme pour la journée ! Évitez aussi de passer plus de deux heures sans prendre une collation à base de glucides afin de maintenir votre taux de sucre dans le sang. Mangez une banane ou une ou deux dattes.

Le sommeil est la meilleure façon pour l'organisme de gérer le stress. Lorsque vous vous endormez, l'organisme se met à synthétiser et à utiliser les nutriments que vous avez ingérés et commence son programme d'entretien et de réparation nocturne ! Avoir faim la nuit signifie que votre faible taux de sucre dans le sang n'incitera pas votre cerveau à produire des hormones qui induisent le sommeil et, bien entendu, prendre des boissons contenant de la caféine le soir peut interrompre une bonne nuit de sommeil, tout comme le stress.

Il existe beaucoup d'aliments qui peuvent favoriser une bonne nuit de sommeil, surtout ceux qui renferment de la sérotonine, une hormone qui induit le sommeil, et les féculents, qui contiennent du tryptophane. Les anciens Romains croyaient aussi au pouvoir de la laitue : essayez la recette du Lapin qui broute de la page 167.

Attention !

Si vous êtes malade, si vous avez ou croyez avoir une allergie ou une intolérance alimentaire, vous devez consulter un médecin. Les recettes suggérées ici NE remplacent PAS un avis médical ou des médicaments sur ordonnance !

Calmant à la banane

Détendez votre esprit et nourrissez vos nerfs après une journée de travail stressante.

Ingrédients

1 portion

250 ml (1 tasse) de lait

1 banane, pelée et tranchée

2 ou 3 glaçons

5 ml (1 c. à thé) de miel, ou plus

1 pincée de muscade moulue ou fraîche et râpée

Préparation

Au mélangeur ou au robot de cuisine, mélangez tous les ingrédients en une préparation lisse. Servez saupoudré d'une pincée de muscade, si vous le désirez. Buvez lentement ou sirotez avec une paille.

Mangue crémeuse

Saviez-vous que les mangues étaient apparentées aux noix de cajou ? Riches en vitamines A et C, en calcium et en potassium, elles rehaussent vraiment l'énergie et aident à stimuler le système immunitaire. Les bananes sont aussi riches en potassium et contiennent de la vitamine B6, qui équilibre le métabolisme de l'organisme. Les bananes favorisent aussi la libération de sérotonine, l'hormone naturelle du bonheur.

Ingrédients

1 portion

1 mangue, pelée et dénoyautée

1 banane, pelée

1 orange, pelée

10 à 15 ml (2 ou 3 c. à thé) de noix de coco râpée

Préparation

Au mélangeur ou au robot de cuisine, mélangez la mangue, la banane et la noix de coco en une préparation lisse. Ajoutez l'orange ou son jus et mélangez de nouveau. Servez et détendez-vous.

Sérénité

Nourrissant et calmant, ce mélange sucré, légèrement épicé, aidera à stabiliser les nerfs tout en vous aidant à vous concentrer.

Ingrédients

1 portion

7,5 ml (1/2 c. à soupe) d'amandes moulues

100 g (3 1/2 oz) de dattes, dénoyautées

250 ml (1 tasse) de lait de riz

Une bonne pincée de gingembre moulu

Préparation

Au mélangeur ou au robot de cuisine, réduisez tous les ingrédients en un mélange lisse.

Bananes et lait de coco

Dans la lutte contre le stress, les vitamines B et C et les minéraux tels que le zinc, le potassium, le calcium, le magnésium et le fer sont importants. Les bananes et les noix de coco sont deux des aliments reconnus pour leur effet apaisant, tandis que les épices telles que la cannelle et le gingembre sont bien reconnues pour soulager le stress.

Ingrédients

1 portion

2 grosses bananes mûres, pelées

250 ml (1 tasse) de lait de coco

Une pincée de cannelle moulue

Préparation

Au mélangeur ou au robot de cuisine, réduisez le lait de coco et les bananes en un mélange lisse. Versez dans un verre et saupoudrez d'une pincée de cannelle moulue.

Brume rouge

« Une pomme par jour éloigne le docteur pour toujours » est un vieux proverbe. Depuis longtemps, ce fruit est reconnu pour améliorer le système immunitaire afin de prévenir les infections et aider à éviter rhumes et grippes. La betterave et la pomme font un mélange agréable et efficace pour rehausser l'énergie et le système immunitaire.

Ingrédients

1 portion

1 petite betterave

2 pommes

1/2 citron

Préparation

Lavez la betterave et coupez sa base fibreuse. Pelez le citron et coupez la pomme en morceaux. Exprimez le jus de la betterave, puis des pommes et enfin du citron. Mélangez les jus dans un verre et garnissez d'une rondelle de citron.

Banane et figue

Les figues regorgent d'énergie alimentaire naturelle; elles renferment 55 % de sucres. Elles vous donneront une sensation d'euphorie naturelle et vous fourniront des glucides, des fibres et même un peu de protéines. Elles sont aussi riches en calcium, en magnésium, en phosphore et en potassium !

Ingrédients

1 portion

1 banane, pelée; réserver un morceau pour garnir

1 figue fraîche

100 ml (3 1/2 oz liq.) de babeurre ou de yaourt nature aux ferments actifs

1/2 gousse de vanille

100 ml (3 1/2 oz liq.) d'eau minérale gazéifiée

Une pincée de cannelle moulue

Glaçons

Préparation

Coupez la banane en morceaux; en réserver un morceau pour garnir. Fendez la figue et prélevez la pulpe. Au mélangeur ou au robot de cuisine, réduisez en une préparation lisse la banane, la figue, le babeurre ou le yaourt. Fendez la gousse de vanille dans le sens de la longueur, raclez la moitié des graines avec la pointe d'un couteau et ajoutez-les à la préparation. Mélangez brièvement. Versez dans un verre sur des glaçons et remplissez d'eau minérale gazéifiée. Garnissez du morceau de banane réservé haché et saupoudrez d'une pincée de cannelle moulue.

Petits fruits et banane

Les bananes au goût crémeux et doux rehaussent agréablement cette boisson. De plus, elles contiennent de la vitamine B6 et du magnésium, qui aident à maintenir la santé des nerfs et des muscles. Vous pouvez utiliser des petits fruits de votre choix tels que mûres, bleuets (myrtilles), canneberges, etc.

Ingrédients

1 portion

1 banane

150 g (5 oz) de petits fruits de votre choix

15 ml (1 c. à soupe) d'amandes moulues

150 ml (5 oz liq.) de babeurre ou de yaourt nature aux ferments actifs

Eau minérale (facultatif)

Une pincée de cannelle

Préparation

Pelez la banane et coupez-la en morceaux. Rincez les petits fruits, équeutez-les et asséchez-les. Réservez-en quelques-uns pour garnir. Au mélangeur ou au robot de cuisine, réduisez en une préparation lisse les petits fruits, la banane, les amandes moulues et le babeurre. Diluez au besoin avec un peu d'eau minérale. Assaisonnez d'une pincée de cannelle moulue, versez dans un grand verre et garnissez des petits fruits réservés.

Prunes et yaourt

Riches en acide folique, en vitamine C et en bêtacarotène, les prunes sont merveilleuses pour rehausser le système immunitaire. L'acide folique est nécessaire pour prévenir l'anémie et l'irritabilité, la confusion et la perte de mémoire, la décoloration des cheveux et les désordres du système gastro-intestinal, tous étant des signes tangibles de stress.

Ingrédients

1 portion

4 prunes, dénoyautées

150 ml (5 oz liq.) de yaourt nature aux ferments actifs

1 pomme

Eau minérale (facultatif)

Une pincée de cannelle moulue

Un bâton de cannelle (facultatif)

Préparation

Lavez et dénoyautez les prunes. Lavez la pomme et coupez-la en morceaux. Exprimez le jus des prunes et de la pomme, ou réduisez-les en purée au mélangeur ou au robot de cuisine. Incorporez le yaourt. Diluez au besoin avec un peu d'eau minérale. Versez dans un verre, saupoudrez de cannelle moulue et garnissez d'un bâton de cannelle (facultatif).

Ananas et amandes

Une délicieuse façon de combattre le stress et de rehausser votre niveau d'énergie.

Ingrédients

1 portion

15 ml (1 c. à soupe) d'amandes moulues

15 ml (1 c. à soupe) de noix de coco râpée

1/4 d'ananas, pelé (ou 3 tranches épaisses d'ananas dans son jus, en conserve, égouttées)

150 ml (5 oz liq.) de yaourt nature aux ferments actifs

Préparation

Au mélangeur ou au robot de cuisine, réduisez en purée les amandes, la noix de coco et l'ananas. Incorporez le yaourt. Versez dans un verre et parsemez d'un peu de noix de coco râpée si vous le désirez ou garnissez d'une rondelle d'ananas ou encore d'un morceau d'ananas enrobé de noix de coco râpée.

Framboises et babeurre

Cette boisson nécessite un peu de préparation, mais elle en vaut la peine ! Si vous ne voulez pas préparer des glaçons au jus de raisin, quelques petits fruits frais ou congelés pourront les remplacer très facilement !

Ingrédients

1 portion

40 g (1 oz) environ de raisins blancs en jus, ou 25 ml (1 oz liq.) de jus de raisin blanc

75 g (2 1/2 oz) de framboises

1 poire

100 ml (3 oz liq.) de babeurre, ou de yaourt nature aux ferments actifs

Eau minérale refroidie

Quelques raisins et framboises pour garnir

Préparation

Versez le jus de raisin dans un bac à glaçons et faites-le congeler pendant quatre heures environ. Au mélangeur ou au robot de cuisine, mélangez en une préparation lisse la poire, les framboises et le babeurre ou le yaourt. Diluez au besoin avec un peu d'eau minérale refroidie. Mettez les glaçons au jus de raisin dans un verre et remplissez du lait frappé. Garnissez de quelques raisins ou petits fruits.

Oranges et poire

Une boisson simple et délicieuse qui vous aidera à vous détendre et à éliminer votre stress.

Ingrédients

3 oranges

1 poire

Préparation

Pelez les oranges et équeutez la poire. Coupez les fruits en morceaux et exprimez-en le jus ou mélangez-les au mélangeur ou au robot de cuisine. Versez dans un verre sur des glaçons et garnissez d'un quartier d'orange.

Super boisson antistress

Un délicieux cocktail de vitamines C et B, pour vous détendre à la fin de la journée.

Ingrédients

1 portion

1 fleuron de brocoli

1 tomate

1/2 poivron rouge

1 carotte

1 tige de céleri

1 petit bouquet de persil

1 tige de céleri pour remuer

Préparation

Exprimez le jus du brocoli, puis du poivron rouge, de la carotte, du céleri, du persil et de la tomate. Mélangez les jus dans un verre et garnissez d'un brin de persil et d'une tige de céleri.

Crise d'angoisse

Notre peau est souvent la première à souffrir d'un grand stress, donc entretenez-la avec ce combo ! Les abricots et les pêches sont riches en vitamine A, une vitamine que les compagnies de cosmétiques exploitent pour ses propriétés dans le soin de la peau.

Ingrédients

1 portion

2 pommes

3 abricots (s'ils sont secs, les réhydrater en les faisant tremper ou cuire dans un peu d'eau)

1 pêche

Préparation

Exprimez le jus des abricots, de la pêche et de la pomme. Mélangez les jus dans un grand verre, sur des glaçons si vous le désirez, et garnissez d'une tranche de pêche.

Nectar aux framboises

Riche en vitamines B, cette délicieuse boisson apaisera les nerfs et donnera de l'énergie au corps et à l'esprit, surtout lorsque vous sentirez les arômes que dégagent les fruits et la citronnelle ou la menthe.

Ingrédients

1 portion

175 g (6 oz) de framboises

2 pêches

Un brin de menthe ou de citronnelle

Préparation

Rincez les framboises et exprimez-en le jus. Dénoyautez les pêches et détaillez-les en quartiers. Exprimez le jus des pêches et versez-le dans un verre avec le jus de framboises. Garnissez de quelques framboises, d'une tranche de pêche et d'un brin de menthe ou de citronnelle. Vous pouvez préparer ce jus au mélangeur ou au robot de cuisine.

Lapin qui broute

L'un des effets les plus fréquents du stress est l'insomnie. Une mauvaise nuit de sommeil (ou un mauvais sommeil le jour si vous travaillez la nuit) est synonyme de fatigue et de stress pour la journée. Essayez de prendre cette boisson à la laitue avant de vous coucher.

Ingrédients

1 portion

3 carottes

1/2 pomme de laitue

Préparation

Brossez les carottes – nul besoin de les peler – rincez et asséchez les feuilles de laitue. Exprimez le jus des carottes et de la laitue et mélangez-les dans un grand verre.

Céleri, laitue et concombre

Lorsque vous comptez les moutons pour vous endormir, prenez cette boisson calmante.

Ingrédients

1 portion

3 tiges de céleri

1/2 petite pomme de laitue

1/2 concombre

Préparation

Rincez et asséchez les légumes. Exprimez-en le jus, puis mélangez les jus dans un grand verre. Garnissez d'une ou de deux rondelles de concombre.

Céleri, carottes et cresson

Le céleri et le cresson renferment du magnésium, qui a un effet calmant sur le système nerveux. Les carottes ajoutent une note de douceur et du volume, transformant cette boisson en un goûter super qui vous détendra, vous fera dormir et vous permettra de vous réveiller frais et dispos.

Ingrédients

1 portion

2 carottes

2 tiges de céleri

1 poignée de cresson

Préparation

Lavez les légumes, sans peler les carottes, et exprimez-en le jus. Mélangez les jus dans un grand verre et garnissez d'un brin de cresson ou d'une tige de céleri.

Soupe salade

Se coucher l'estomac vide peut être aussi nocif que de se coucher l'estomac trop plein. S'il se fait tard et que vous sentez un petit creux, prenez cette soupe : elle est légère, mais nourrissante, et toutes les merveilleuses vitamines et minéraux qu'elle contient travailleront pour vous pendant votre sommeil.

Ingrédients

1 portion

3 tomates

1/2 pomme de laitue

Un morceau de 5 cm (2 po) de concombre

Une petite poignée de persil

1/2 citron

Préparation

Rincez les légumes et exprimez le jus de la laitue, puis des tomates, du concombre et du persil. Pelez le demi-citron et exprimez-en le jus. Mélanger les jus dans un verre, garnissez d'un brin ou deux de persil (qui rafraîchit l'haleine) et savourez lentement.

Énergie concentrée

Si vous êtes épuisé au moment d'aller au lit, vous mettez énormément de tension sur votre corps. Vous vous endormirez peut-être, mais votre corps continuera à travailler fort. Il nettoiera, synthétisera des vitamines et des minéraux, fera circuler l'oxygène et le sang et tentera de faire de son mieux pour soigner les infections ou les contrer. Permettez à votre corps de retrouver sa puissance, de se nettoyer et de se nourrir au moment d'aller au lit avec ce léger cocktail de couleur pourpre.

Ingrédients

1 portion

2 pommes

100 g (4 oz) de raisins blancs

50 g (2 oz) de betterave

1 cm (½ po) de rhizome de gingembre frais

Préparation

Lavez les pommes, coupez-les en morceaux et exprimez-en le jus. Coupez la betterave en morceaux et exprimez-en le jus. Exprimez le jus du gingembre. Mélangez les jus dans un verre. Garnissez de quelques raisins.

Bien paraître et se sentir en forme

Maintenir notre corps au sommet de sa forme, plein d'énergie et dynamique, n'est pas l'unique raison d'aimer les fruits et les légumes. Il est aussi important de bien paraître. Cela fait partie d'un de ces cycles : si tu es bien dans ta peau, tu parais bien et si tu parais bien, c'est que tu es bien dans ta peau. La santé intérieure et la santé extérieure de notre corps sont étroitement reliées : notre apparence est la manifestation visible de notre santé.

Se sentir bien et bien paraître signifie atteindre un état d'équilibre quant à la santé et à la vitalité. Nous avons besoin de nutriments pour en tirer les matériaux bruts qui maintiennent chaque fonction dans notre corps. Le système nerveux a besoin des vitamines B et C, de calcium et de magnésium pour pouvoir gérer le stress au quotidien et nous aider à contrôler les événements afin de garder une conduite équilibrée : ni hystérique ni si calme qu'on en devient irresponsable ! Le système immunitaire a besoin de soutien pour éviter les infections, les combattre et s'en remettre; il lui faut donc des aliments riches en vitamines A, B, C et E, en calcium, en magnésium, en fer, en zinc et en sélénium. Et notre appareil digestif doit fonctionner efficacement pour décomposer et assimiler tous ces nutriments et éliminer les déchets.

Les fantastiques propriétés pour la santé qu'ont les fruits frais, les légumes, les fines herbes et les épices sont extraordinaires, mais seules, elles ne font pas de miracles ! De l'exercice régulier permettra d'améliorer notre circulation sanguine afin d'oxygéner chaque cellule et chaque tissu de notre organisme.

L'exercice doit comporter des périodes de repos et de détente pour permettre à l'organisme de récupérer après l'effort et de refaire le plein d'énergie. En faisant très attention à notre alimentation et à notre mode de vie, nous pouvons avoir une belle peau sans taches, sans sécheresse, sans blêmissement, des yeux brillants, des cheveux lustrés, des dents et des ongles forts et un corps qui bouge librement avec souplesse et facilité.

Le poids est aussi étroitement relié à la santé. Une surcharge pondérale peut non seulement contribuer à un ensemble de problèmes de santé comme le diabète, l'hypertension et les cardiopathies, mais aussi à l'image que nous nous faisons de nous-mêmes. Notre poids peut affecter notre confiance en nous et, de ce fait, nous pouvons nous déprécier. La meilleure façon de perdre du poids est naturellement de combiner une alimentation saine, sans affamer le corps, mais en l'alimentant avec de bonnes choses, avec de l'exercice sur une base régulière.

Les recettes de cette section ne sont pas conçues pour perdre du poids. Toutefois, en augmentant votre consommation de produits frais savoureux et nutritifs, ne vous étonnez pas de commencer à vous sentir plus énergique. Cela vous incitera peut-être à vouloir commencer à éliminer plus de calories en faisant un peu d'exercice, ou en dansant toute la nuit !

Un bref coup d'œil aux produits de beauté que vous utilisez – nettoyants, tonifiants, masques, exfoliants, astringents, etc. – vous révélera l'énorme importance qu'ont les vitamines et les minéraux pour les fabricants de cosmétiques : la vitamine C aide à construire le collagène et l'élastine, à prévenir les rides. Oubliez le Botox®, mangez des cerises à la place !

Les vitamines A et D entrent dans la préparation de beaucoup de produits cosmétiques et de beauté pour aider à maintenir la peau douce et à cicatriser les tissus corporels, et la vitamine E, pour arrêter le processus du vieillissement. Ces trois vitamines liposolubles, mélangées avec des huiles végétales, sont absorbées par la peau et libérées à l'intérieur de l'organisme. Si on tient compte du rapport quantité prix, l'infime quantité que recèle un pot de crème de beauté revient probablement plus cher que si vous vous couvriez d'une feuille d'or ! Tandis qu'aucune fille et bien des garçons ne nieront les bienfaits psychologiques d'une petite thérapie du commerce, la façon la plus efficace d'avoir vos vitamines et d'améliorer votre peau est de faire attention à ce que vous mangez et buvez. Cependant, s'il vous reste un peu d'avocat, écrasez-le et étalez-le sur votre visage.

Si vos ongles se fendent ou se brisent, c'est ennuyeux, mais sur une base régulière, cela peut être un signe de carence en minéraux : les points blancs sur les ongles signalent une carence en zinc alors qu'une carence en fer rendra les ongles cassants. Ces minéraux se trouvent en abondance dans les fruits et dans les légumes frais, mais rappelez-vous que le fer s'assimile mieux avec de la vitamine C.

Si vous en avez assez d'avoir les cheveux ternes, vous devez augmenter votre consommation de vitamines B : les fabricants de produits pour l'entretien des cheveux ont depuis longtemps reconnu la valeur de toutes les vitamines du complexe B dans leurs produits, car elles stimulent le cuir chevelu, épaississent les cheveux et aident à prévenir la calvitie en stimulant la pousse des cheveux. Recherchez sur les étiquettes de ces produits l'acide pantothénique, l'inositol, la choline, l'acide folique et le PABA (acide para-aminobenzoïque); ce sont tous des vitamines du complexe B. Ces vitamines sont hydrosolubles, ce qui signifie qu'elles peuvent être emmagasinées dans l'organisme, mais qu'elles sont éliminées dans l'urine. De ce fait, il faut les remplacer chaque jour. N'hésitez pas à vous laver les cheveux chaque jour pour les améliorer; augmentez votre apport en vitamine B et rendez-vous compte de la différence qui s'opère sur le plan de votre chevelure !

Nous nous sommes tous fait dire de manger nos carottes pour voir dans le noir, et ceux qui nous ont fait cette remarque avaient raison. La cécité nocturne est la plupart du temps causée par une carence en vitamine A et nous pouvons y remédier simplement en mangeant trois petites carottes par jour. Les carottes, comme les aliments de couleur jaune et orange tels que les abricots, les mangues et les poivrons, ainsi que les légumes verts feuillus comme les épinards, le cresson et la ciboule, sont riches en bêtacarotène, qui est ingénieusement converti dans notre corps en vitamine A. Quelques bâtonnets de carotte ou un délicieux jus de carottes frais (peut-être mélangé avec du jus de pomme) est un bon moyen d'illuminer votre regard. Les bleuets (myrtilles), les canneberges et les agrumes aideront à maintenir la circulation sanguine au niveau des yeux et à renforcer les petits capillaires, ralentissant de ce fait la détérioration de la vue qui accompagne le processus de vieillissement. Ces aliments aideront aussi à prévenir les infections qui causent les orgelets et les conjonctivites.

Attention !

Si vous êtes malade, si vous avez ou croyez avoir une allergie ou une intolérance alimentaire, vous devez consulter un médecin. Les recettes suggérées ici NE remplacent PAS un avis médical ou des médicaments sur ordonnance !

Beauté naturelle

Les vieilles femmes avaient raison : tu es ce que tu manges. Alors, pourquoi ne pas choisir d'être une beauté naturelle ? Les pommes sont une bonne source de vitamine C, en plus d'être riches en fibres solubles et en pectine qui aident à éliminer le cholestérol et à lutter contre les polluants environnementaux, y compris les métaux lourds comme le plomb et le mercure. La seule odeur des pommes peut faire baisser la tension artérielle ! Les cantaloups, avec leur haut taux de caroténoïdes, peuvent inhiber la croissance des cellules cancéreuses et aider à maintenir la santé des tissus de l'organisme, y compris la peau.

Indrédients

1 portion

2 pommes

1/2 cantaloup

Préparation

Lavez et coupez les pommes en morceaux. Lavez l'écorce du melon. Vous pouvez la garder ou encore l'enlever ainsi que les pépins. Exprimez le jus des fruits et mélangez-les dans un verre. Garnissez d'une tranche de pomme si vous le désirez.

Papaye toute puissante

Très simple à préparer et rapide aussi, cette boisson est idéale pour les personnes trop pressées pour prendre un petit déjeuner convenable. Les sucres naturels de la papaye vous permettront de maintenir votre énergie jusqu'à l'heure de la pause.

Indrédients

1 portion

1 papaye, pelée et épépinée

1/2 citron

Préparation

Au mélangeur ou au robot de cuisine, réduisez en purée la papaye et le jus du demi-citron. Versez dans un verre, asseyez-vous et détendez-vous pendant quelques minutes tout en savourant cette boisson.

Tomates et cresson

Le jus de tomate mélangé au jus de cresson poivré est un excellent agent détoxifiant pour la peau. Il stabilisera aussi les hormones grâce au zinc qui est présent aussi bien dans les tomates que dans le cresson.

Indrédients

1 portion

4 tomates mûres

Une grosse poignée de cresson

Un bouquet de persil

Préparation (centrifugeuse)

Lavez les tomates et coupez-les en morceaux. Rincez le cresson et le persil et exprimez le jus d'abord du cresson, puis du persil et finalement des tomates; mélangez les jus dans un verre. Garnissez d'une tomate cerise et d'un brin de persil.

Préparation (mélangeur)

Lavez les tomates et coupez-les en morceaux. Rincez le persil et le cresson et hachez-les. Au mélangeur, réduisez tous les ingrédients en une préparation lisse.

Détoxifiant aux framboises

Peau sèche ? Peau huileuse ? Les framboises sont riches en zinc qui aide à réguler l'activité des glandes sébacées. Le melon est un détoxifiant merveilleux qui aidera à éliminer les toxines de votre système.

Indrédients

1 portion

150 g (5 oz) de framboises

1/4 de cantaloup

1 pomme

Préparation

Lavez la pomme et coupez-la en morceaux. Rincez les framboises. Pelez (et épépinez si vous le désirez) le cantaloup; coupez la pulpe en morceaux. Exprimez le jus des framboises, puis celui de la pomme et du melon. Mélangez les jus dans un grand verre, ou versez sur des glaçons si vous le désirez. Garnissez de quelques framboises et d'une tranche de pomme, au goût.

Melonade

Les melons sont apaisants et rafraîchissants, idéals pour soulager les démangeaisons causées par l'eczéma ou par un excès de soleil.

Indrédients

1 portion

1/2 melon jaune

Eau minérale gazéifiée

Brin de menthe

Préparation

Exprimez le jus de la pulpe et des pépins du melon. Versez dans un grand verre, sur des glaçons si vous le désirez, et remplissez d'eau pétillante. Garnissez d'un brin de menthe.

Éclat de pomme

Un excellent tonique pour la peau et une boisson délicieuse pour terminer la journée.

Indrédients

1 portion

1 pomme

1/2 melon jaune

100 g (3 1/2 oz) de raisins rouges

1/2 citron

Préparation

Épépinez le melon et retirez l'écorce si vous le désirez. Coupez la pomme en morceaux et rincez les raisins. Pelez le citron. Exprimez le jus de tous les fruits et mélangez-les dans un verre. Garnissez d'une rondelle de citron et de quelques raisins.

Thé chinois aux cerises

La vitamine C construit le collagène et l'élastine, lesquels empêchent les rides de se développer, tandis que la vitamine A garde la peau souple. Ces deux vitamines se trouvent dans les cerises ainsi que du calcium (pour des dents et des os forts !), du magnésium, du potassium et du fer. Au printemps, les fleurs des cerisiers sont, pour les Chinois, un symbole de jeunesse et de beauté féminines, mais les délicieux fruits renferment tant de puissance que cette raison suffit pour les apprécier !

Indrédients

1 portion

75 g (3 oz) de cerises dénoyautées et équeutées

5 ml (1 c. à thé) de miel

Le jus de 1/2 citron

300 ml (1 1/4 tasse) d'eau bouillante

Préparation

Au mélangeur ou au robot de cuisine, mélangez les cerises, le miel, le jus de citron et l'eau bouillante. Versez dans un verre ou une tasse à l'épreuve de la chaleur. Déposez quelques rondelles de citron en surface, si vous le désirez. Sirotez.

Écran solaire

Avec l'énorme quantité de bêtacarotène qu'elle contient, cette boisson est idéale pour protéger la peau l'été.

Indrédients

1 portion

1/2 mangue

1/4 d'ananas, épluché

2 carottes, brossées mais non pelées

1 pomme

Glaçons

Préparation

Pelez la mangue; réservez-en une tranche pour garnir. Coupez la pulpe en morceaux et exprimez-en le jus. Exprimez le jus de l'ananas, des carottes et de la pomme. Mélangez les jus dans un grand verre, sur des glaçons si vous le désirez, et garnissez de la tranche de mangue.

Mangue et raisins

Les raisins rouges renferment une substance appelée resvératol, au potentiel anticarcinogénique. Ils contiennent aussi des vitamines B3 et B6, de la biotine, du magnésium, du potassium, du phosphore, du cuivre, du fer, du sélénium et du zinc, ce qui les habilite à chasser les radicaux libres et à détoxifier, surtout la peau. La mangue est une bonne source de vitamines A, C et E, des vitamines que les fabricants de cosmétiques tentent d'incorporer à leurs crèmes de beauté !

Indrédients

1 portion

1 mangue, pelée et dénoyautée

150 g (5 oz) de raisins rouges

Préparation

Coupez la mangue en deux et retirez le noyau. Pelez et exprimez le jus de la pulpe. Rincez les raisins et exprimez-en le jus. Mélangez les jus dans un verre et garnissez de fruits. Cette boisson peut aussi se préparer facilement au mélangeur ou au robot de cuisine; il suffit de mélanger tous les fruits !

Pomme, céleri et luzerne

Le psoriasis est une maladie de la peau relativement fréquente, souvent héréditaire. Le soleil et l'eau de mer sont excellents pour prévenir et pour soulager les peaux à problèmes. C'est la raison pour laquelle on a toujours si belle apparence après des vacances ! Ingérez un peu de soleil avec cette boisson rafraîchissante à base de pomme. En plus, le céleri est excellent pour les nerfs !

Indrédients

1 portion

1 pomme verte

1 tige de céleri

Une petite poignée de germes de luzerne

Préparation

Exprimez le jus du céleri, de la pomme et des germes de luzerne; réservez quelques germes pour garnir. Mélangez les jus dans un verre et parsemez des germes de luzerne réservés.

Pommes et betterave

Les betteraves et les pommes sont toutes deux reconnues pour leurs propriétés nettoyantes. Elles aident à la digestion et à l'absorption des vitamines et des minéraux, ce qui les rend utiles pour restaurer la peau et rayonner de santé.

Indrédients

1 portion

1/2 petite betterave

2 pommes

Une rondelle de citron ou de lime

Préparation

Lavez la betterave et les pommes et coupez-les en morceaux. Exprimez-en le jus, puis mélangez les jus dans un verre et garnissez d'une rondelle de citron ou de lime.

Brocoli, poire et ananas

Le brocoli est utile pour détoxifier et rehausser l'énergie et la force. Avec son contenu en vitamines A, C et E, en plus de ses nombreuses qualités, il représente une prime pour la peau. Les poires rafraîchissantes et calmantes ainsi que la douceur de l'ananas aident à accélérer la cicatrisation des tissus tandis que le chou de Savoie est une excellente source de vitamines A, C et B3 qui aident à maintenir la peau en santé.

Indrédients

1 portion

100 g (3 1/2 oz) de fleurons de brocoli

1/4 d'ananas

1 poire

1/4 de petit chou de Savoie

Une pincée de gingembre moulu

Préparation

Lavez le brocoli et pelez l'ananas. Exprimez le jus des ingrédients, mélangez-les dans un verre et saupoudrez de gingembre moulu.

Ananas rosé

Tout simplement adorable !

Indrédients

1 portion

1/4 d'ananas

1 orange – l'orange sanguine donnera une couleur plus profonde !

150 g (5 oz) de fraises

Préparation

Pelez l'ananas et l'orange; conservez une rondelle pour garnir si vous le désirez. Lavez et équeutez les fraises; conservez-en une pour garnir. Exprimez le jus de l'ananas, des fraises et de l'orange. Mélangez les jus dans un verre, sur des glaçons si vous le désirez, et garnissez d'une fraise et d'une rondelle de citron.

Brocoli, carotte et concombre

Le jus de brocoli n'est pas super, mais la douceur des carottes et le goût rafraîchissant du concombre font toute la différence. Ce mélange est excellent pour gérer les problèmes cutanés causés par le stress, la surcharge de travail et la pollution.

Indrédients

1 portion

1 petit concombre

4 fleurons de brocoli

1 carotte

Assaisonnement au goût

Préparation

Brossez la carotte et le concombre, sans les peler. Exprimez le jus du brocoli, celui de la carotte et enfin celui du concombre. Mélangez les jus, assaisonnez au goût et garnissez d'une rondelle de concombre.

Des tonnes de passion

Il est difficile de résister à la saveur délicieuse du fruit de la passion, une excellente source de vitamines A et C. Ne vous inquiétez pas pour les graines, elles sont comestibles ! Mélangez-le à du yaourt, vous obtiendrez un pouding onctueux !

Indrédients

1 portion

2 fruits de la passion

1 orange

1/2 lime

150 ml (5 oz liq.) de yaourt nature aux ferments actifs

Eau minérale gazéifiée (facultatif)

Préparation

Retirez la pulpe des fruits de la passion. Pressez l'orange et la lime, ou pelez-les et mélangez-les au mélangeur ou au robot de cuisine avec les fruits de la passion. Ajoutez le yaourt et mélangez brièvement. Versez dans un verre. Vous pouvez diluer la boisson avec de l'eau minérale gazéifiée et la servir sur des glaçons si vous préférez une boisson allongée.

Monsieur Verdure

Surprenez-vous avec ce mélange de brocoli et de raisins; cette boisson est délicieuse et excellente pour la peau.

Indrédients

1 portion

150 g (5 oz) de raisins verts

150 g (5 oz) de fleurons de brocoli (4 ou 5 environ)

Un brin de menthe

Préparation

Exprimez le jus du brocoli et des raisins. Mélangez les jus dans un verre et garnissez d'un brin de menthe fraîche.

Boisson tachetée

Une vraie boisson à base d'herbes à laquelle vous pouvez ajouter un peu de sauce Worcestershire si vous le désirez. Le persil renferme autant de vitamine A que l'huile de foie de morue et trois fois plus de vitamine C qu'une orange, donc mangez la garniture ! En France, le basilic porte le nom d'herbe royale. Il a des propriétés antiseptiques et semble soulager l'acné. Il agit aussi comme sédatif léger. C'est donc la boisson idéale pour le soir !

Indrédients

1 portion

6 tomates

6 feuilles de basilic frais

Une poignée de persil frais

Préparation

Exprimez le jus des tomates au mélangeur ou au robot de cuisine. Hachez finement le basilic et le persil; conservez un brin pour garnir et agiter le jus de tomate.

Chou énergisant

Le chou frisé mérite d'être beaucoup plus connu qu'il ne l'est. Il possède toutes les propriétés anticancéreuses de la famille des cruciféracées, en plus de contenir une énorme quantité de bêtacarotène; 100 g (3 1/2 oz) de chou frisé fournissent la dose quotidienne requise pour une femme ! C'est aussi une source supérieure de vitamine A, de calcium et de fer. Le jus d'herbe de blé, qui est étonnamment sucré, est riche en calcium, en potassium, en chlorophylle et en magnésium. Parce que les saveurs sont plutôt fortes et qu'il faut s'y habituer, cette recette donne une petite portion.

Indrédients

1 portion de 50 g (2 oz)

25 g (1 oz) de chou frisé

100 g (3 1/2 oz) d'herbe de blé (si vous ne la trouvez pas entière, vous pouvez la trouver en jus dans plusieurs boutiques d'alimentation naturelle)

Préparation

Exprimez le jus du chou frisé et d'herbe de blé (ou mélangez les deux jus). Mélangez les jus dans un verre.

Concentré de petits fruits

Ce jus rouge rubis fait à partir de framboises et de canneberges est tout simplement délicieux; un parfait équilibre d'aigre-doux qui regorge de délices. Ce mélange a la réputation d'être bénéfique pour la peau et très utile dans les cas d'acné.

Indrédients

1 portion

150 g (5 oz) de canneberges

150 g (5 oz) de framboises

Glaçons

Un brin de menthe ou de citronnelle

Préparation

Exprimez le jus des petits fruits; réservez-en quelques-uns pour garnir, ou mélangez-les au mélangeur ou au robot de cuisine. Versez sur des glaçons, garnissez des fruits réservés et ajoutez un brin de menthe ou de citronnelle.

Soleil couchant

Un jus d'orange… musclé ! C'est une excellente source de vitamine A (plus du fer, bien entendu). Les épinards sont aussi plus riches en protéines que la plupart des autres légumes. Mélangés ici avec beaucoup de jus d'orange, c'est un excellent moyen de manger vos légumes sans vous en apercevoir. Les bioflavinoïdes trouvés dans les pépins et les parois des segments d'agrumes renforcent les parois des minuscules capillaires sanguins, aidant à éviter qu'ils n'éclatent, et que des veines brisées n'apparaissent à la surface de la peau. Vous pouvez préparer cette recette avec des pamplemousses, des clémentines ou des satsumas ou encore avec tous ces fruits en même temps!

Indrédients

2 oranges

6 feuilles d'épinards

Préparation

Pelez les oranges en conservant le plus de pépins possible pour profiter des bioflavinoïdes qu'ils renferment. Exprimez le jus des épinards et des oranges, puis mélangez ces jus dans un verre. Garnissez d'une rondelle d'orange et servez avec une paille.

Carotte, céleri et romarin

Les carottes détoxifient et aident à maintenir une bonne circulation sanguine tandis que le romarin est, depuis longtemps, reconnu pour améliorer la mémoire et aussi stimuler la circulation sanguine au niveau de la tête. Il est donc bon contre les céphalées et semble prévenir les pellicules et le grisonnement des cheveux.

Indrédients

1 portion

1 grosse carotte

2 tiges de céleri

3 brins de romarin

Poivre au goût

Préparation

Lavez les carottes, le céleri et le romarin et exprimez-en le jus. Mélangez les jus et poivrez. Buvez sans attendre.

Soleil levant aux framboises

Sucez une framboise pour soulager un mal de gorge ou un ulcère buccal ! Et, selon la médecine chinoise, ces merveilleux petits fruits ont également des vertus aphrodisiaques ! Les tangerines, bien qu'elles soient plus douces que les oranges, sont riches en vitamine B1 (thiamine), qui aide à maintenir les follicules pileux sains. Mariez ces deux fruits et vous aurez l'impression de rayonner aussi bien de l'intérieur que de l'extérieur !

Indrédients

2 portions

450 g (1 lb) de framboises

6 tangerines

Préparation

Exprimez le jus de chaque variété de fruits ou réduisez-les en une préparation lisse au mélangeur ou au robot de cuisine. Servez dans de grands verres identiques et sentez glisser l'onde des framboises !

Fleur de cerisier

Rajeunissantes, détoxifiantes et antioxydantes, les cerises sucrées regorgent de délices, dont les vitamines A et B2 (riboflavine), le bêtacarotène, le potassium, le calcium et le phosphore. Mélangez-les avec du jus d'orange pour y ajouter de la vitamine C et obtenir une boisson délicieuse !

Indrédients

1 portion

4 oranges

1 bonne poignée de cerises (12 à 15)

Préparation

Pelez les oranges; conservez le plus de peau blanche possible. Rincez les cerises et dénoyautez-les. Exprimez le jus des cerises et des oranges. Mélangez les jus dans un verre et garnissez d'une rondelle d'orange et d'une cerise. Vous pouvez préparer cette boisson au mélangeur ou au robot de cuisine si vous acceptez qu'il y ait de petits morceaux de peau blanche ou d'écorce dans votre jus. Il suffit de filtrer les jus dans un tamis à mailles fines. N'oubliez pas que les petits morceaux qui demeureront dans la boisson sont remplis de bonnes choses !

Kiwi-kiwi!

La puissance du zinc (dans les framboises) et de la vitamine B2 (riboflavine) dans les kiwis donne à cette boisson le pouvoir de renforcer les cheveux, les ongles et les gencives !

Indrédients

1 portion

2 kiwis

125 g (4 oz) de framboises

Glaçons (facultatif)

Préparation

Pelez les kiwis. Conservez quelques framboises pour garnir et réduisez en une préparation lisse le reste des fruits au mélangeur ou au robot de cuisine. Versez les jus dans des verres remplis de glaçons et garnissez de framboises.

Pommes et carotte

On dit que les yeux sont le miroir de l'âme et rien n'est plus beau que de belles fenêtres propres et brillantes ! Tellement simple et délicieux ! À quand remonte la fois où vous avez vu un lapin porter des lunettes ?

Indrédients

1 portion

2 pommes

1 grosse carotte

Préparation

Lavez la carotte et les pommes; coupez-les en morceaux. Exprimez-en le jus, puis mélangez les jus dans un grand verre.

Les remèdes de secours

Faire des choix alimentaires sensés ne fait pas que maintenir notre niveau d'énergie au plus haut; cela permet à notre système immunitaire d'être prêt et en alerte en cas d'infections et de maladies. Nombreux sont ceux qui croient aussi que certains aliments peuvent cibler des douleurs et des maladies particulières. Néanmoins, nous finissons tous par attraper un rhume ou une grippe, par souffrir d'un mal de tête et de douleurs ou par attraper une maladie courante.

Bien que nous soyons toujours entourés de virus du rhume, si notre système immunitaire est fort, nous ne les attrapons pas ! Trop souvent, dès les premiers symptômes – le nez qui coule, un mal de gorge, un mal de tête et une sensation générale de froid – nous nous précipitons chez le médecin. Dans tous les cas, la prévention est le meilleur remède qui soit; nous pouvons nous protéger facilement des rhumes fréquents et de la grippe en renforçant la résistance de notre organisme envers ces maladies. Parce que certains fruits et légumes sont riches en antioxydants, les jus sont excellents pour aider à prévenir les rhumes et les grippes. Les meilleurs aliments pour éloigner les rhumes sont ceux qui sont riches en vitamine C comme les agrumes, mais aussi ceux qui aident à éliminer les toxines de l'organisme, qui renforcent le système immunitaire et qui améliorent la production d'anticorps, soit les pommes, les carottes, les betteraves et le chou pour n'en nommer que quelques-uns parmi les fruits et les légumes qui composent la « pharmacie alimentaire ». Il a aussi été prouvé que le zinc était bénéfique pour combattre les rhumes. Les meilleures sources fraîches et les plus naturelles pour vous aider à vous sentir mieux sont les framboises, les tomates, les cassis et le brocoli.

Par des analyses scientifiques menées sur les propriétés des aliments, on continue de découvrir quelles sont les composantes exactes qui aident à la guérison de notre corps. Dans bien des cas, les découvertes renforcent les cures anciennes. Si une pomme par jour éloigne le médecin pour toujours, deux pommes par jour peuvent se révéler un vrai tonique pour le cœur et pour la circulation sanguine. Nous savons que la pectine (la fibre soluble) aide l'organisme à éliminer le cholestérol. La pomme sert depuis longtemps d'accompagnement aux viandes lourdes comme le porc, à juste raison, car ses acides malique et tartrique aident à la digestion. Les cerises étaient hautement prisées par les médecins de la Grèce antique, mais nous savons que l'acide éllagique élimine les cellules cancéreuses. Les mûres étaient utilisées en médecine conventionnelle pour soulager la goutte et nous savons que leur contenu élevé en vitamine E les rend utiles pour prévenir les cardiopathies.

Tandis que nous blâmons souvent la vie moderne pour ses nombreuses maladies, nous devons aussi la remercier de nous fournir tant de nouveaux aliments et, par le fait même, de nouveaux médicaments : les ananas d'Hawaï avec la bromélaïne, une enzyme digestive des protéines; les bananes d'Afrique et des Caraïbes, remplies de potassium, de vitamine B6 et d'acide folique; les papayes du sud du Mexique et du Costa Rica, avec leur bêtacarotène (un antioxydant que l'organisme synthétise en vitamine A) tout comme les avocats (du Pérou) et les kiwis (de Chine) qui ne sont que quelques-unes des délicieuses saveurs dont nous pouvons profiter à longueur d'année.

L'identification de phytonutriments, les composantes organiques des plantes qui semblent favoriser la bonne santé chez les êtres humains, a mené à une meilleure compréhension de la façon dont nous pouvons utiliser les fruits et les légumes frais pour protéger notre bien-être physique. Les composés tels que les caroténoïdes, les pigments rouges, orange et jaunes qui colorent de nombreux fruits et légumes, semblent protéger l'organisme des cancers, des cardiopathies et de la dégénérescence musculaire. Avec leurs propriétés antioxydantes, ils recherchent et détruisent les radicaux libres nuisibles dans les cellules, reconnus pour provoquer certaines maladies.

Dans cette section, vous trouverez une sélection de délicieuses boissons à base de fruits et de légumes pour soulager certaines des maladies les plus fréquentes comme la cystite, les symptômes du syndrome prémenstruel (SPM) et pour aider le système digestif dans les cas d'indigestion, de flatulence et de constipation. En bref, ces recettes vous aideront à renforcer votre système immunitaire, à éliminer les toxines de votre organisme, à rehausser votre niveau d'énergie, à vous remettre sur pieds et, plus que tout, à vous offrir des gâteries délicieuses et nutritives.

Attention !

Si vous êtes malade, si vous avez ou croyez avoir une allergie ou une intolérance alimentaire, vous devez consulter un médecin. Les recettes suggérées ici NE remplacent PAS un avis médical ou des médicaments sur ordonnance !

Calmant à l'avocat

Une boisson douce et crémeuse qui devrait satisfaire les rages de faim et apaiser celles qui souffrent du SPM. Les avocats sont riches en vitamines B et E (bonnes pour les hormones) et ont aussi un effet calmant sur le système nerveux.

Ingrédients

1 portion

1 avocat mûr, pelé et tranché

1 gousse d'ail, pelée (facultatif)

1/2 citron, pressé

300 ml (1 1/4 tasse environ) de lait de riz

Assaisonnement au goût

Brin de coriandre fraîche pour garnir

Préparation

Au mélangeur ou au robot de cuisine, réduisez en une préparation lisse l'avocat, la gousse d'ail (facultatif), le jus de citron et le lait de riz. Assaisonnez au goût, versez dans un verre et garnissez d'un brin de coriandre fraîche.

Oranges et cresson

Un mélange poivré rempli de nutriments. Il rehaussera votre niveau d'énergie pour vous permettre de traverser ces périodes sombres si vous souffrez du SPM.

Ingrédients

1 portion

4 oranges

Un gros bouquet de cresson

Préparation

Rincez le cresson et pelez les oranges. Exprimez le jus du cresson, puis des oranges. Mélangez ensuite les jus dans un verre. Garnissez d'un quartier d'orange.

Pommes poivrées

La douceur des pommes est masquée par le goût poivré du cresson. Les poivrons verts sont remplis de vitamine B6 (pyridoxine) qui aide à diminuer la rétention d'eau.

Ingrédients

1 portion

1 poivron vert

3 pommes

Une petite poignée de cresson

Préparation

Enlevez le pédoncule et les pépins du poivron vert, rincez le cresson, lavez les pommes et coupez-les en morceaux. Conservez un brin de cresson pour garnir. Exprimez le jus du poivron, puis du cresson et enfin des pommes. Mélangez les jus dans un verre, sur des glaçons, et garnissez du brin de cresson.

Kiwis et poires

Si vous subissez les contrecoups des fluctuations hormonales, cette délicieuse boisson verte vous aidera à rester en piste.

Ingrédients

1 portion

2 kiwis

2 poires

Préparation

Pelez les kiwis et exprimez-en le jus. Coupez les poires en morceaux et exprimez-en le jus. Mélangez les jus dans un grand verre et garnissez d'une ou de deux rondelles de kiwi.

Délice de melon et de fraises

Une boisson délicieuse, remplie de l'acide folique nécessaire pour contrer l'anémie. Elle fait aussi des merveilles contre l'irritabilité, les désordres gastro-intestinaux et pour empêcher les cheveux de grisonner.

Ingrédients

1 portion

1/2 melon jaune

100 g (3 1/2 oz) de fraises

Préparation

Enlevez l'écorce et les pépins du melon. Coupez la pulpe en morceaux. Rincez et équeutez les fraises. Exprimez le jus des fraises, puis celui du melon et mélangez les jus dans un verre.

Fantaisie de fruits

Aidez votre digestion et stimulez votre métabolisme avec ce combo énergisant.

Ingrédients

1 portion

1/8 de chou de Savoie

1/4 d'ananas

2 pommes

Un brin de menthe

Préparation

Lavez le chou et exprimez-en le jus. Pelez l'ananas et exprimez-en le jus. Lavez les pommes et exprimez-en le jus. Mélangez bien les jus dans un verre. Garnissez d'un peu de fruit et d'un brin de menthe fraîche.

Carottes et gingembre

Excellentes pour la digestion, les carottes sont naturellement sucrées, mais le gingembre, utilisé depuis des siècles pour soulager les nausées, ajoute du piquant à cette boisson.

Ingrédients

1 portion

4 carottes

2 cm (3/4 po) de rhizome de gingembre frais

Préparation

Brossez les carottes, sans les peler, et coupez-les en morceaux. Pelez le gingembre. Exprimez le jus des carottes et du gingembre. Mélangez les jus dans un verre et buvez lentement.

Melon épicé

Si vous êtes enceinte et que vous souffriez de nausées le matin, ou même si vous n'êtes pas enceinte et que vous vous sentez un peu nauséeuse, ce mélange de melon et de gingembre est idéal pour calmer l'estomac. Allongez-le avec un peu d'eau minérale gazéifiée si vous le désirez.

Ingrédients

1 portion

1/2 melon jaune

2 cm (3/4 po) de rhizome de gingembre frais

Eau minérale gazéifiée (facultatif)

Préparation

Enlevez les pépins et l'écorce du melon. Pelez le gingembre et exprimez le jus des ingrédients. Mélangez dans un grand verre, versez-y de l'eau minérale gazéifiée si vous le désirez et buvez lentement.

Panaché aux pommes

Vous avez exagéré avec les aliments gras et épicés hier soir ? Les pommes sont un remède simple, mais efficace. Cependant, si vous souffrez de diarrhée, diluez-les avec un peu d'eau minérale.

Ingrédients

1 portion

2 pommes

50 ml (1 3/4 oz liq.) d'eau pétillante, ou plus

Préparation

Lavez les pommes et coupez-les en morceaux. Exprimez-en le jus et mélangez-le avec de l'eau minérale au goût.

Nettoyant

Bien connues comme nettoyant intestinal, les prunes sont aussi une excellente source de fer, de calcium, de magnésium et de phosphore. Les poires rafraîchissent et calment un appareil digestif nerveux, acide ou enflammé et, tout comme les épinards, elles sont aussi légèrement diurétiques.

Ingrédients

1 portion

1 petite poire

12,5 g (1/2 oz) de prunes, environ 2 prunes dénoyautées

75 g (2 oz) d'épinards

Glaçons

Préparation

Exprimez le jus des ingrédients et servez dans un verre, sur des glaçons. Garnissez d'une tranche de poire si vous le désirez.

Nettoyant à la betterave et aux carottes

À la fois nourrissantes et nettoyantes, les betteraves stimulent le foie et les fonctions éliminatoires, favorisent l'élimination des déchets et des toxines, tandis que les carottes adoucissent les membranes qui tapissent les intestins.

Ingrédients

1 portion

3 carottes

1/2 petite betterave

Feuilles de coriandre pour garnir

Préparation

Brossez les carottes, sans les peler, et la betterave, et coupez-les en morceaux. Exprimez le jus des carottes, puis celui de la betterave. Mélangez les jus dans un verre, garnissez d'un brin de coriandre.

Régulateur banane-amandes

Les bananes et les amandes sont des aliments riches en fibres, qui favorisent la fonction éliminatoire naturelle, mais ce sont aussi des aliments calmants lorsque la constipation résulte de la tension nerveuse ou s'en trouve aggravée. Les oranges ont un effet laxatif doux tandis que le yaourt nature aux ferments actifs aidera à maintenir un équilibre sain des bonnes bactéries dans l'estomac.

Ingrédients

1 portion

1 banane, pelée et en morceaux

25 g (1 oz) d'amandes moulues

Le jus de 1 orange, pressé ou exprimé

150 ml (5 oz liq.) de yaourt aux ferments actifs nature

5 ml (1 c. à thé) de miel (facultatif)

Une pincée de muscade moulue

Préparation

Au mélangeur ou au robot de cuisine, réduisez en un mélange lisse et crémeux la banane, les amandes moulues, le jus d'orange, le yaourt et le miel (facultatif). Versez dans un verre et saupoudrez de muscade moulue pour garnir.

Changement

Un manque de fibres ou une alimentation riche en aliments préparés, trop peu d'exercice et le stress peuvent causer constipation et souffrances. Au lieu de tirer un médicament en vente libre (qui videra votre organisme de ses vitamines et minéraux) de votre armoire à pharmacie, essayez la « pharmacie alimentaire ». Tous les jus frais soulageront les intestins, mais les légumes verts feuillus, riches en minéraux, aideront à maintenir un équilibre sain.

Ingrédients

1 portion

3 tomates

3 grosses feuilles d'épinards

1 carotte

Préparation

Rincez les épinards et brossez la carotte, sans la peler. Exprimez le jus des épinards, puis celui de la carotte et enfin celui des tomates. Mélangez tous les jus dans un verre, garnissez d'un brin de persil si vous le désirez.

Cure des Caraïbes

Une indigestion peut se révéler très douloureuse, mais ce mélange de fruits tropicaux en viendra à bout : le lait de coco est reconnu pour soulager l'acidité, l'ananas est un anti-inflammatoire et contient de la bromélaïne qui aide à équilibrer les acides dans l'estomac, tandis que le jus de papaye rafraîchit et décompose les protéines pour faciliter la digestion des aliments par les enzymes.

Ingrédients

1 portion

1/2 papaye mûre, pelée et épépinée

1/4 d'ananas, pelé et en morceaux (ou trois tranches d'ananas en conserve)

300 ml (1 1/4 tasse) de lait de coco

Eau minérale plate ou gazéifiée (facultatif)

Une pincée de muscade moulue

Préparation

Au mélangeur ou au robot de cuisine, réduisez en une préparation lisse la papaye, l'ananas et le lait de coco. Diluez au besoin avec un peu d'eau minérale. Versez dans un verre, saupoudrez d'une pincée de muscade moulue et buvez lentement.

Gaz station

Le pamplemousse aide à digérer les aliments contenant de l'amidon et les gras ainsi qu'à éliminer les déchets et les toxines des intestins. La mangue et l'ananas y contribuent aussi. Ensemble, ils constituent une bonne façon de calmer les gaz intestinaux !

Ingrédients

1 portion

1 mangue mûre, pelée et tranchée

1/4 d'ananas pelé, ou trois tranches d'ananas en conserve

Le jus de 1/2 pamplemousse rose, pressé ou exprimé

Citronnelle ou menthe fraîche pour garnir

Préparation

Au mélangeur ou au robot de cuisine, réduisez en une préparation lisse la mangue, l'ananas et le pamplemousse. Versez dans un verre et garnissez d'un brin de citronnelle ou de menthe.

Calmant

L'apparition de diarrhées occasionnelles peut être débilitant et bouleversant. Votre corps tente désespérément de se libérer d'un élément qui le gêne vraiment. Idéalement, le mieux serait de laisser votre organisme éliminer les toxines, mais vous devez remplacer les liquides et équilibrer les électrolytes dans votre corps, aussi !

Ingrédients

1 portion

1/2 mangue, pelée

1 poire, pelée et évidée

1 banane, pelée

150 ml (5 oz liq.) de lait de riz

Une pincée de cannelle moulue

Préparation

Au mélangeur ou au robot de cuisine, réduisez en une préparation lisse la mangue, la poire, la banane et le lait de riz. Saupoudrez de cannelle moulue et servez.

Détente framboises

Les framboises sont astringentes et protègent contre l'inflammation des intestins. Comme le miel, elles renferment un antibiotique naturel qui aide à combattre les organismes qui infectent les intestins.

Ingrédients

1 portion

100 g (3 1/2 oz) de framboises, en réserver quelques-unes pour garnir

30 à 45 ml (2 c. à soupe combles) de yaourt nature aux ferments actifs

5 à 10 ml (1 ou 2 c. à thé) de miel

30 ml (2 c. à soupe) de lait

Préparation

Mélangez tous les ingrédients au mélangeur ou au robot de cuisine. Versez dans un verre, garnissez des framboises réservées et buvez doucement.

Rêve à la papaye et aux amandes

La diverticulite touche de plus en plus de gens en Occident, à cause de l'alimentation très riche en aliments préparés et faible en fibres et des boissons caféinées trop nombreuses. Un succulent mélange de fruits laxatifs et apaisants et le lait de riz aux propriétés anti-inflammatoires peuvent aider, tout comme la pratique accrue d'exercices.

Ingrédients

1 portion

6 abricots frais ou 4 sechés (les réhydrater en les faisant cuire dans un peu d'eau jusqu'à ce qu'ils soient gonflés, les faire refroidir et les égoutter)

1/4 de papaye, pelée et épépinée

300 ml (1 1/4 tasse) de lait de riz

10 ml (2 c. à thé) d'amandes moulues

Une pincée de gingembre moulu ou de gingembre frais râpé

Préparation

Mélangez tous les ingrédients en une préparation lisse au mélangeur ou au robot de cuisine. Versez dans un verre et saupoudrez d'un peu de gingembre.

Poires et melon

Les poires et les melons sont tous les deux rafraîchissants et apaisants pour l'appareil digestif. Ils aident à soulager l'inflammation et à régulariser les intestins.

Ingrédients

1 portion

1/2 melon jaune, pelé et épépiné

2 poires, pelées et évidées

Un peu de lait de coco (facultatif)

Préparation

Réduisez les poires et le melon en une préparation lisse au mélangeur ou au robot de cuisine. Ajoutez un peu de lait de coco si vous le désirez. Servez dans un verre.

Papaye et noix de coco

Le côlon irritable est une maladie de plus en plus fréquente; elle peut être reliée à l'alimentation, au stress, à une intolérance alimentaire ou à des taux excessifs de Candida dans les intestins. Le lait de coco est riche en vitamine B qui renforce les nerfs; les limes et le miel maintiennent l'équilibre des bonnes bactéries dans les intestins à un niveau optimal, tandis que la papaye sucrée améliore la digestion et calme les intestins.

Ingrédients

1 portion

1/4 de papaye, pelée et épépinée

Le jus de 1 lime

5 ml (1 c. à thé) de miel

300 ml (1 1/4 tasse) de lait de coco

Une rondelle de lime pour garnir

Préparation

Au mélangeur ou au robot de cuisine, réduisez en une préparation lisse la papaye, le jus de lime, le lait de coco et le miel. Versez dans un verre et garnissez d'une rondelle de lime.

Ruskie

Êtes-vous bien assis ? Le tiers des Occidentaux souffrent d'hémorroïdes. Le meilleur remède est toujours la prévention : manger beaucoup de fibres, faire beaucoup d'exercice et éviter la constipation. Le yaourt nature aux ferments actifs aide si vous êtes prédisposé à la constipation, tandis que la betterave nettoie le foie et stimule l'élimination des matières fécales.

Ingrédients

1 portion

1/2 petite betterave

2 tiges de céleri

150 ml (5 oz liq.) de yaourt nature aux ferments actifs

1 ciboule, hachée

Menthe fraîche pour garnir

Préparation

Lavez la betterave et le céleri, coupez-les en morceaux et exprimez-en le jus. Incorporez bien au yaourt nature. Garnissez d'un peu de ciboule hachée et d'un brin de menthe fraîche.

Yaourt fouetté à l'avocat

Remplis d'énergie et de propriétés qui rehaussent le système immunitaire afin d'aider à augmenter la production d'anticorps, les avocats aident au maintien de la bonne condition des cheveux, des muqueuses, des glandes sudoripares, des nerfs et des muscles. En plus d'avoir des propriétés anticancéreuses et antioxydantes, ils semblent aussi avoir des propriétés antifongiques.

Ingrédients

1 portion

1 avocat, pelé et haché

1 poire, pelée et évidée

Le jus de 1/2 pamplemousse, pressé ou exprimé

5 ml (1 c. à thé) de gingembre frais, haché finement

100 ml (3 1/2 oz liq.) de lait de soja

60 ml (4 c. à soupe) de yaourt aux ferments actifs nature

Préparation

Au mélangeur ou au robot de cuisine, réduisez tous les ingrédients en une préparation lisse. Versez dans un verre et servez immédiatement.

Carottes et persil

Un délicieux remède contre la cystite : les carottes ont des effets apaisants et antiseptiques qui aident à combattre l'infection. Le persil est aussi un antiseptique puissant et, tout comme les carottes, il est diurétique, ce qui fait de cette boisson un duo dynamique. Buvez-en deux fois par jour pour soulager les symptômes de la cystite.

Ingrédients

1 portion

4 carottes

6 brins de persil frais

Préparation

Exprimez le jus des carottes et du persil. Mélangez les jus dans un verre.

Panaché aux canneberges

En regard de la cystite, la prévention est le meilleur mode d'action. Le jus de canneberge empêche les bactéries de se fixer aux parois des voies urinaires, donc vous éliminez ces dernières plus facilement de votre organisme avant qu'elles ne causent une infection.

Ingrédients

1 portion

200 g (7 oz) de canneberges, ou 100 ml (3 1/2 oz liq.) de jus de canneberge

100 ml (3 1/2 oz liq.) d'eau minérale gazéifiée

1 rondelle de citron ou de lime

Préparation

Exprimez le jus des canneberges et versez-le dans un verre, sur des glaçons. Remplissez d'eau minérale gazéifiée et garnissez d'une rondelle de lime ou de citron.

Cure aux canneberges

Une délicieuse boisson rafraîchissante, même si vous ne souffrez pas de cystite ! La pastèque, ou une tisane préparée en faisant macérer les pépins de pastèque dans de l'eau chaude pendant 30 minutes, sert depuis longtemps comme remède naturel contre les problèmes de vessie et de reins.

Ingrédients

1 portion

200 g (7 oz) de canneberges, ou 100 ml (3 1/2 oz liq.) de jus de canneberge

1 grosse tranche ou 1 gros quartier de pastèque

Préparation

Lavez les canneberges et la pastèque et exprimez-en le jus. Vous pouvez conserver la peau et les pépins de la pastèque ou la peler et l'épépiner. Mélangez les jus dans un verre, admirez la jolie couleur et dégustez.

Chute de pastèque

Puisque 95 % des nutriments se trouvent dans l'écorce de la pastèque, c'est une honte de la jeter. En fait, elle renferme de la chlorophylle, de la vitamine A, des protéines, du potassium, du zinc, de l'iode, de l'acide nucléique et des enzymes qui aident à la digestion et nettoient l'organisme. Les raisins contrent l'action des allergènes, des virus et des carcinogènes en plus d'être les ennemis des radicaux libres. Ces fruits juteux sont idéaux pour nettoyer la peau, le foie, les reins et les intestins.

Ingrédients

1 portion

150 g (5 oz) de raisins rouges, en réserver quelques-uns pour garnir

1 grosse tranche ou 1 gros quartier de pastèque

Préparation

Rincez les raisins, lavez l'écorce de la pastèque avant d'en exprimer le jus – pépins inclus ! Exprimez le jus des raisins, puis celui de la pastèque. Mélangez les jus dans un verre et garnissez de quelques raisins.

Canneberges et raisins

Une autre délicieuse façon de prévenir les infections de la vessie et d'apprécier les délices d'un jus de fruit frais.

Ingrédients

1 portion

2 pommes

100 g (3 1/2 oz) de raisins

50 g (1 3/4 oz) de canneberges

1 rondelle de citron ou de lime

Préparation

Rincez, équeutez et exprimez le jus des raisins. Rincez les canneberges et exprimez-en le jus. Lavez les pommes, coupez-les en morceaux et exprimez-en le jus. Mélangez les jus dans un verre, sur des glaçons si vous le désirez, et garnissez d'une rondelle de citron ou de lime, ou encore des deux !

Délice sucré

Une boisson indienne traditionnelle non seulement rafraîchissante, mais qui aide aussi à combattre la flatulence. Le yaourt nature aux ferments actifs est surtout bénéfique pour restaurer l'équilibre des bonnes bactéries dans les intestins. La cardamome et la cannelle stimulent la circulation des sucs digestifs et aident à soulager la tension des voies digestives.

Ingrédients

1 portion

124 ml (4 oz liq.) de yaourt nature aux ferments actifs

75 ml (1/4 tasse) d'eau de rose

5 ml (1 c. à thé) de miel

Une pincée de cardamome moulue

Une pincée de cannelle moulue

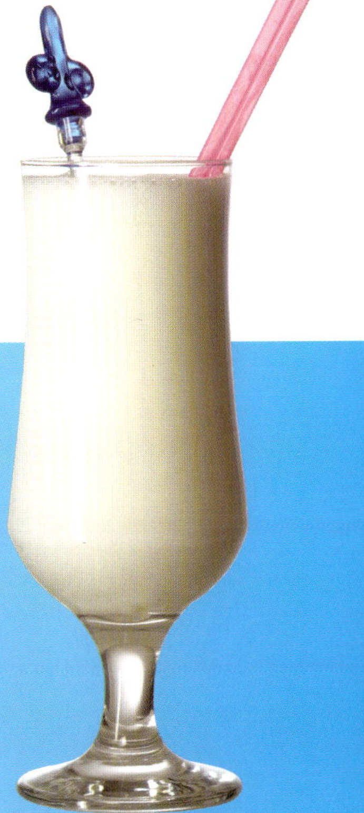

Préparation

Mélangez bien tous les ingrédients et servez dans un verre. Sirotez lentement.

Les cures de printemps

Il y a un moment dans la vie où on sent qu'il est temps de faire des changements : un nouveau travail ou une orientation de carrière différente, un déménagement ou même la perte de quelques kilos parce que nous ne sommes pas satisfaits de notre apparence ou de la façon dont nous nous sentons. La plupart du temps, lorsque nous décidons d'effectuer des changements, c'est que les choses ne tournent pas comme nous l'espérons ou qu'un désastre est survenu au travail, dans une relation ou à la maison ! Il y a beaucoup à parier que la lutte que vous menez pour améliorer la situation ou pour faire face à une urgence aura épuisé votre corps, le vidant de ses réserves d'énergie, le privant de vitamines et de minéraux essentiels et le laissant à la merci des infections.

Si nous voulons que les changements que nous apportons dans notre vie soient positifs, il faut non seulement réfléchir aux possibilités qui s'offrent à nous, mais aussi nous assurer que nous sommes en mesure de relever les défis qui s'annoncent.

Quand nous sommes malades et devons garder le lit, nous avons amplement le temps de songer à notre nouvelle vie et de la planifier, mais nous ne devons pas oublier que notre corps aura besoin des meilleurs soins durant sa période de convalescence. Si vous prévoyez un changement majeur dans votre vie, qu'il s'agisse d'entreprendre une nouvelle carrière ou de pratiquer un nouveau sport ou une nouvelle activité, mettez-vous d'abord en forme ! Pour faire le ménage du printemps de la maison, vous devez trouver le temps de sortir le chiffon à poussière et l'aspirateur, de nettoyer les planchers afin de faire le travail comme il faut, et vous le faites. Si vous prévoyez nettoyer votre corps, vous devez faire exactement la même chose.

La détoxication est le processus par lequel on se débarrasse des déchets et des toxines emmagasinés dans l'organisme. Les substances nuisibles ou toxines se trouvent dans les aliments que nous consommons sur une base régulière, surtout si notre alimentation est riche en aliments préparés et hautement raffinés, en aliments rapides remplis d'agents de conservation, de saveurs artificielles, de colorants et d'édulcorants. Ces aliments sont l'équivalent des boules de

Les propriétés des fruits et des légumes peuvent aider à nettoyer l'organisme.

poussière qu'on trouve sous notre lit. Nous devons balayer et les jeter afin qu'elles ne se répandent pas dans toute la chambre. Le même principe s'applique pour les toxines dans l'organisme.

Un nettoyage saisonnier de l'organisme ne signifie pas douleur ou jeûne ! Lorsque vous nettoyez la maison au printemps, vous ne jetez pas tous les meubles; peut-être vous débarrassez-vous de quelques vieux objets et les remplacez-vous par de nouveaux ! Lorsque vous faites une détoxication, vous supprimez les aliments préparés ainsi que la caféine, l'alcool, les bonbons et, idéalement, les cigarettes qui ont ajouté un poids supplémentaire à votre organisme, mais le plus important est de les remplacer par des aliments frais naturels qui rehausseront votre énergie (comme la caféine vous a maintenu éveillé !), élèveront votre esprit (comme un verre de champagne !), satisferont vos rages de sucre (comme les bonbons). Au lieu de remplir vos poumons de fumée cancérigène, essayez de respirer de

Prenez ce Délice rouge (page 247) comme nettoyant interne.

l'air frais ou de sentir l'odeur de pommes, de cerises ou de melons frais !

Comme un bon nettoyage de la maison, une détoxication a besoin d'être planifiée et demande du temps : vous devez prendre le temps de le faire. Une journée de détoxication ne demande qu'un peu de bonne volonté et c'est une excellente façon de commencer. Plus tard, vous pourrez prolonger la détoxication à une fin de semaine, puis à une semaine lorsque vous vous serez fait à cette idée, et connaître davantage les façons de nettoyer et d'alimenter votre organisme.

Les fruits tropicaux ne sont pas seulement délicieux; ils sont aussi remplis d'enzymes.

Une détoxication d'une journée, à ne boire que des jus, est très facile à suivre. Elle est aussi douce pour l'organisme parce que, pendant 24 heures seulement, il ne doit fonctionner qu'avec les bonnes choses que contiennent les jus, ce qui lui donne la liberté et l'énergie de s'attaquer aux toxines qui se sont accumulées dans votre système et de s'en débarrasser. Pour une détoxication d'une journée, vous devrez boire au moins six verres de jus ET beaucoup d'eau, soit au moins huit verres de 250 ml (8 oz liq.) d'eau, bien qu'une partie puisse prendre la forme de tisanes, car les jus à eux seuls n'en contiennent pas suffisamment.

Vérifiez dans votre agenda la journée qui vous convient, puis jetez un œil aux recettes suggérées. Choisissez les ingrédients et les saveurs que vous aimez – une détoxication n'est pas une punition – puis sortez et achetez les ingrédients nécessaires. Gâtez-vous avec des produits biologiques et de l'eau minérale. Prenez le temps de choisir les meilleurs fruits et légumes : admirez leur couleur, leur odeur, leur degré de mûrissement, songez à leur région de production et au voyage qu'ils ont fait pour arriver jusqu'à vous ! Tombez amoureux des fruits et des légumes. Abordez la journée doucement; ne vous mettez pas à courir et à sauter partout. Détendez-vous ! Une détoxication n'est qu'un nettoyage physique du printemps : depuis des milliers d'années, le jeûne a été un outil sur la

Les jus sont parfaits pour une détoxication légère d'une journée.

voie d'une élévation spirituelle et de la sainteté. Vous pourrez effectivement trouver que vos sens et que votre degré de conscience sont aiguisés et que vous vous sentez physiquement plus léger et mentalement plus calme.

Un yaourt fouetté commencera bien la journée.

Commencez la journée avec un yaourt fouetté rempli d'énergie et de lactobacilles pour aider à maintenir un équilibre sain des bactéries dans les intestins. Prenez le déjeuner lorsque vous le désirez et non parce que l'horloge vous indique qu'il est temps de le faire. Prenez votre temps, sirotez votre boisson, puis détendez-vous avec un bon livre, une vidéo ou une petite sieste si vous vous sentez un peu étourdi. Quand vous avez de nouveau faim, dégustez un jus très allongé et terminez la journée par une tisane calmante juste avant de vous coucher afin de vous assurer une bonne nuit de sommeil

Le lendemain, au réveil, votre corps réclamera bruyamment de la nourriture. Vous vous réveillerez plus affamé que d'habitude et probablement un peu plus tôt. Profitez alors de ce moment pour vous préparer un petit déjeuner bien équilibré : un peu de yaourt, des fruits, une tranche de pain entier grillée et une tisane ou peut-être un jus. Soyez attentif et vous serez étonné de voir combien votre palais et vos papilles gustatives se seront développés en une seule journée ! Lorsque vous serez habitué à suivre un programme de détoxication d'une journée, vous voudrez peut-être le recommencer sur une période plus longue. Une détoxication plus longue demande une préparation soigneuse; nous vous recommandons donc de vous informer sur le sujet et sur tout ce qui peut s'y intégrer, tels que les massages, l'exercice, les thérapies de relaxation et les régimes de beauté.

Il existe nombre d'excellents ouvrages pour vous aider à planifier et à atteindre vos buts. Commencez donc par faire quelques recherches et découvrez les bienfaits que vous offre un programme de détoxication.

Il est aussi essentiel, si vous êtes malade ou si vous souffrez d'une maladie quelconque, de consulter un praticien qualifié en médecine avant d'entreprendre un régime sur une longue période.

Chatouillez vos papilles gustatives avec des saveurs excitantes.

Attention !

Les enfants, les personnes âgées, les femmes enceintes et celles qui allaitent ou toute personne ayant un problème médical quelconque ne devraient pas faire de détoxication ou de jeûne à base de fruits. Si vous êtes malade, si vous avez ou croyez avoir une allergie ou une intolérance alimentaire, vous devez consulter un médecin. Les recettes suggérées ici NE remplacent PAS un avis médical ou des médicaments sur ordonnance ! N'entreprenez jamais de jeûne de plus de 24 heures sans supervision médicale.

Gingembre et raisins

Commencez la journée par un tonique nettoyant interne. Les raisins sont une des plus anciennes plantes cultivées. Du point de vue de la nutrition, ils renferment des vitamines A, du complexe B et C ainsi que du potassium et du calcium. Riches en sucres naturels, ils vous donneront du ressort !

Ingrédients

1 portion

Environ 25 raisins rouges; en conserver quelques-uns pour garnir

5 cm (2 po) de rhizome de gingembre frais, pelé

1 citron, pelé

100 ml (3 1/2 oz liq.) d'eau minérale gazéifiée ou plate

Un brin de menthe

Préparation

Rincez les raisins. Exprimez le jus des ingrédients, mélangez-les dans un verre et remplissez d'eau minérale. Garnissez d'un brin de menthe et de quelques raisins. Vous pouvez aussi préparer cette boisson au mélangeur ou au robot de cuisine, mais râpez d'abord le gingembre.

Kiwis rosés

Cette boisson ressemble à un kiwi colada – sans l'alcool ! Elle est rafraîchissante et remplie de vitamines : les kiwis renferment deux fois plus de vitamine C que les oranges et contiennent seulement 45 calories par fruit, des minéraux comme le potassium (dont une carence peut mener à la dépression) et des enzymes comme la papaïne, qui est une protéine digestive.

Ingrédients

1 portion

1/2 papaye, pelée et épépinée

2 kiwis, pelés si désiré

75 g (2 oz environ) de cerises, dénoyautées

1 poire, coupée en morceaux

Glace concassée

Soda ou eau minérale gazéifiée

Préparation

Au mélangeur ou au robot de cuisine, réduisez les kiwis, la papaye, les cerises et la poire en une préparation lisse. Ajoutez un peu d'eau minérale gazéifiée ou de soda au goût. Mettez la glace concassée dans un verre, versez la purée de fruit dessus. Garnissez d'une rondelle de kiwi et buvez avec une paille.

Aneth léger

Le délicat fenouil, dont le nom est dérivé de l'ancien mot scandinave *dilla* signifiant apaiser, possède un léger effet soporifique. Dans les années 1800, on donnait des graines d'aneth aux enfants pour qu'ils se tiennent tranquilles à l'église. Le concombre, qui contient beaucoup d'eau, est un nettoyant interne merveilleux tandis que les tomates et les carottes, remplies de vitamines C et E, de bêtacarotène et de potassium, sont de grands détoxifiants.

Ingrédients

1 portion

1 petit bouquet d'aneth

1/2 concombre; en réserver une ou deux rondelles pour garnir; peler si désiré

1 grosse tomate

1 carotte

Poivre de Cayenne ou poivre noir au goût

Préparation

Rincez et asséchez l'aneth; réservez quelques brins pour garnir. Détachez les frondes des tiges et hachez finement les feuilles dentelées. Exprimez le jus du concombre, de la carotte, de la tomate et mélangez-les avec l'aneth haché pour obtenir une préparation lisse. Assaisonnez au goût et versez dans un verre. Garnissez d'une rondelle ou de deux concombres et d'un brin d'aneth.

Vacances

Offrant beaucoup de nutriments essentiels pour nourrir le corps et l'esprit, la bromélaïne contenue dans l'ananas coupe les gras. La mangue vous fournira la quantité de vitamine C dont vous avez besoin pour la journée, les deux tiers de la vitamine A, la moitié de la vitamine E et presque le quart des fibres. Ce sont des aliments amaigrissants merveilleux, car leur douceur naturelle fera en sorte que vous ne ressentirez pas le besoin de grignoter des aliments préparés à l'approche de la saison des maillots de bain !

Ingrédients

1 portion

1 petite banane

1/2 mangue

1/4 d'ananas

Tonique ou eau minérale gazéifiée (facultatif)

Préparation

Mélangez tous les ingrédients au mélangeur ou au robot de cuisine. Si la préparation est trop épaisse, diluez-la avec du tonique ou de l'eau minérale gazéifiée. Versez dans un verre, ajoutez une paille, un parapluie polynésien, un morceau d'ananas et rêvez d'une mer bleue, de palmiers et de plages de sable blanc.

Lait à la laitue

Parce que la laitue renferme 95 % d'eau et qu'une portion moyenne équivaut à 7 calories environ, il n'est pas étonnant qu'elle fasse partie des régimes amaigrissants. Les anciens Égyptiens et Romains connaissaient une chose ou deux sur la laitue et soupçonnaient que le jus de laitue, étonnamment amer, renfermait beaucoup plus que de l'eau, et ils avaient raison ! En fait, elle regorge de vitamine C, de bêtacarotène, d'acide folique, de potassium ; elle contient aussi un peu de calcium, un peu d'iode et une pincée de fer. Les caroténoïdes détoxifient l'organisme et se trouvent en grande quantité dans les feuilles foncées. Donc, mangez ou buvez vos légumes verts feuillus !

Ingrédients

1 portion

2 ou 3 grosses feuilles de laitue, les plus foncées

15 ml (1 c. à soupe) d'amandes moulues

2 pommes

1 tomate

100 ml (3 ½ oz liq.) de babeurre, ou de yaourt nature aux ferments actifs

1/2 citron

Une pincée de muscade

Préparation

Lavez les pommes, la tomate et les feuilles de laitue et asséchez-les. Exprimez le jus de la tomate, des feuilles de laitue et des pommes; mélangez avec les amandes moulues et le babeurre ou le yaourt. Lavez le demi-citron, râpez finement l'écorce et pressez le demi-citron dans le mélange. Versez dans un verre et saupoudrez d'un peu de muscade fraîche. Garnissez d'une rondelle de citron.

Quatuor d'énergie

Cette boisson est un merveilleux tonique printanier, excellent pour dissiper les déprimes hivernales et attendre le printemps avec impatience !

Ingrédients

1 portion

1/2 papaye

2 kiwis

1 orange

1/2 pamplemousse, rose si possible

Préparation

Pelez la papaye et enlevez les pépins. Pelez les kiwis; conservez une ou deux rondelles pour garnir. Au mélangeur ou au robot de cuisine, réduisez en purée la papaye et les kiwis. Pelez le pamplemousse et l'orange et exprimez-en le jus. Mélangez ces jus avec la purée de fruits. Au besoin, diluez avec un peu d'eau minérale. Versez dans un verre et garnissez des rondelles de kiwis ou d'une rondelle d'orange ou de pamplemousse.

Yaourt fouetté à la pomme

Ces douceurs préparées avec du yaourt et du jus de fruits frais sont une merveilleuse façon de commencer la journée et de maintenir l'équilibre des bonnes bactéries dans les intestins. Qu'il s'agisse de se détoxifier ou de surveiller sa ligne, il est essentiel de nourrir votre organisme. Vous devez remplacer les vitamines et les minéraux essentiels et procurer de l'énergie à votre corps pour qu'il travaille avec efficacité. Une voiture bien entretenue est un véhicule fiable et efficace, mais s'il y a une pièce brisée, elle ne vous mènera pas bien loin !

Ingrédients

1 portion

1 pomme

2 oranges

100 ml (3 1/2 oz liq.) de yaourt nature aux ferments actifs (voir la recette de la page 49)

10 petites feuilles de menthe, hachées finement

Préparation

Lavez la pomme et exprimez-en le jus. Pelez les oranges et exprimez-en le jus. Au mélangeur ou au robot de cuisine, réduisez le yaourt et les jus en une préparation lisse. Parsemez de feuilles de menthe hachées et garnissez d'une rondelle d'orange si vous le désirez. Pour allonger cette boisson, ajouter un peu d'eau minérale bien froide.

Mélange aux fraises

Ces petits fruits d'été contiennent de la bromélaïne qui aide à digérer les gras, ce qui explique pourquoi les fraises vont si bien avec la crème ! Utiliser du yaourt – que vous pouvez préparer vous-même (voir page 49) – en plus d'être bon pour la santé, donne une texture crémeuse satisfaisante et délicieuse. L'été, servez ce mélange glacé; il est aussi bon que de la glace à la fraise et ne contient que de bonnes choses !

Ingrédients

1 portion

100 g (3 oz) de fraises

150 ml (5 oz liq.) de yaourt aux ferments actifs nature

50 g (1 1/2 oz) de raisins rouges ou verts (8 à 10 environ)

1 orange

Préparation

Lavez et équeutez les fraises; en réserver une pour garnir. Exprimez le jus des fruits à l'aide d'une centrifugeuse ou réduisez-les en purée au mélangeur ou au robot de cuisine. Incorporez le yaourt au jus ou à la purée de fruits pour obtenir une préparation lisse. Versez dans un grand verre, garnissez d'une fraise et servez avec une paille.

Concombre et melon

Le melon renferme du bêtacarotène, de l'acide folique et des minéraux tels que du calcium, de la choline et du magnésium, tandis que le concombre est riche en potassium. Tous deux possèdent des propriétés diurétiques et sont de grands détoxifiants. En ajoutant un peu de yaourt nature aux ferments actifs, vous obtiendrez une boisson plutôt consistante.

Ingrédients

1 portion

1/2 concombre

1/2 cantaloup

150 ml (5 oz liq.) de yaourt nature aux ferments actifs

2 ou 3 brins d'aneth frais

Assaisonnement au goût

Préparation

Lavez l'aneth et détachez les feuilles des tiges; en conserver un brin pour garnir. Hachez très finement le reste de l'aneth. Pelez le concombre, évidez le melon, puis prélevez la pulpe. Au mélangeur ou au robot de cuisine, réduisez en purée le concombre et le melon. Parsemez d'aneth, ajoutez le yaourt et mélangez brièvement pour obtenir une préparation lisse. Poivrez au goût. Versez dans un grand verre, garnissez d'aneth et d'une rondelle de concombre si vous le désirez et savourez !

Panaché au pamplemousse et à l'ananas

Le pamplemousse est depuis longtemps le fruit privilégié des personnes qui surveillent leur ligne. Plus le pamplemousse est rosé, plus son goût est sucré. Quelle que soit sa couleur, il vous fournira la moitié de l'apport en vitamine C recommandé quotidiennement, ainsi que du potassium et de la pectine.

Ingrédients

1 portion

1/4 d'ananas, pelé

1 pamplemousse rose

Eau minérale gazéifiée

Glaçons (facultatif)

Préparation

Exprimez le jus de l'ananas et du pamplemousse. Mélangez les jus dans un verre, sur des glaçons si vous le désirez, et remplissez d'eau minérale gazéifiée. Garnissez d'une rondelle de pamplemousse, ajoutez une paille et dégustez !

Radis et chou-rave

Les Allemands nomment le chou-rave « chou-navet » (kohl était l'équivalent de chou et rabi, de navet), car il ressemble à ces deux légumes aussi bien par la forme que par le goût. Les plus petits sont les meilleurs; les gros sont habituellement plus durs et fibreux. Le bulbe renferme une bonne quantité de vitamine C et de calcium, tandis que l'extrémité feuillue est riche en vitamine A.

Ingrédients

1 portion

3 radis

1/4 de petit chou-rave

2 tiges de céleri; en réserver une pour garnir

100 ml (3 1/2 oz liq.) de yaourt nature aux ferments actifs

Assaisonnement au goût

Préparation

Lavez les radis et le céleri; lavez et pelez le chou-rave. Coupez les légumes en morceaux et exprimez-en le jus. Mélangez les jus avec le yaourt et salez (essayez du sel de céleri) et poivrez au goût. Versez dans un verre et servez avec la tige de céleri réservée. Pour une préparation au mélangeur ou au robot de cuisine, hachez les légumes finement et réduisez-les en purée; filtrez à travers un tamis à fines mèches. Incorporez le yaourt et servez.

Panaché au raisin

Une merveilleuse couleur, un goût sec superbe et un vrai tonique pour le corps et pour l'esprit, surtout pour se rafraîchir après avoir fait un peu d'exercice.

Ingrédients

1 portion

100 g (3 1/2 oz) de raisins rouges

200 g (7 oz) de canneberges

1 lime

Eau minérale gazéifiée

Glaçons

Préparation

Pelez la lime, réservez une ou deux rondelles pour garnir, puis exprimez-en le jus. Conservez quelques raisins et quelques canneberges aussi. Exprimez le jus des raisins et des canneberges. Versez les jus dans un verre, sur les glaçons, et remplissez d'eau minérale gazéifiée. Garnissez des fruits réservés, ajoutez une paille et un bâtonnet pour remuer.

Tonique pomme-pamplemousse

Les pamplemousses jaunes peuvent avoir un goût légèrement amer, mais ils sont très bons pour la santé. Dans cette recette, leurs délices rayonnent, mais leur goût amer est adouci par les sucres contenus dans la pomme. Quelle délicieuse boisson pour le matin; les sucres naturels vous donnent un regain d'énergie et éliminent les creux qui peuvent survenir plus tard dans la journée.

Ingrédients

1 portion

1 pomme

1 pamplemousse

Préparation

Lavez la pomme, coupez-la en morceaux et exprimez-en le jus. Pelez le pamplemousse et exprimez-en le jus. Mélangez les jus dans un verre. Pour un petit déjeuner plus consistant, incorporez 150 ml (5 oz liq.) de yaourt nature aux ferments actifs.

Délice rouge

Les canneberges, le melon (un melon jaune ou de la pastèque) et le concombre font une délicieuse boisson rafraîchissante et revigorante qui nourrit et nettoie.

Ingrédients

1 portion

200 g (7 oz) de canneberges

1 tranche épaisse de pastèque ou 1/4 de melon jaune

250 g (8 oz) de concombre

Un bâtonnet de concombre ou quelques rondelles pour garnir

Préparation

Lavez les canneberges et exprimez-en le jus. Lavez le concombre, pelez-le si vous le désirez et exprimez-en le jus. Prélevez la pulpe et les pépins du melon, ces derniers étant comestibles, et exprimez-en le jus. Si vous utilisez de la pastèque, la peau est comestible ! Mélangez les jus dans un verre et garnissez d'un bâtonnet ou de rondelles de concombre.

Yaourt fouetté aux pommes et aux abricots

Un repas en soi : les abricots sont riches en fibres et faibles en calories, mais ils satisfont les envies de sucre ! Les pommes facilitent la digestion et l'absorption et ont la capacité de freiner l'appétit, ce qui est toujours appréciable lorsqu'on surveille sa ligne !

Ingrédients

1 portion

6 abricots frais (ou 4 ou 5 abricots séchés)

2 pommes

100 ml (3 1/2 oz liq.) de yaourt nature aux ferments actifs

Un peu de muscade râpée

Préparation

Lavez et dénoyautez les abricots, puis exprimez-en le jus. (Pour les abricots séchés, les réhydrater en les recouvrant d'eau dans une casserole et en les faisant chauffer doucement. Lorsqu'ils sont gonflés, les laisser refroidir et les égoutter. En exprimer le jus ou les réduire en purée au mélangeur ou au robot de cuisine.) Lavez et coupez les pommes en morceaux et exprimez-en le jus ou réduisez-les en purée au mélangeur ou au robot de cuisine. Incorporez le yaourt aux jus ou aux purées dans le mélangeur ou dans le robot de cuisine pour obtenir une préparation lisse. Versez dans un verre et saupoudrez d'un peu de muscade râpée.

Tango thaïlandais

Exotique mélange de fruits tropicaux, cette boisson merveilleuse favorise l'élimination tout en étant très satisfaisante. Une superbe façon de stimuler les papilles gustatives ! La papaye est riche en vitamine C, en bêtacarotène et en enzymes qui favorisent la digestion. Les poires, qui renferment beaucoup de fibres, ont un effet diurétique qui aide à éliminer les toxines ; la lime aide à éliminer l'excédent de liquides dans l'organisme. Une vraie séance de gymnastique dans un verre !

Ingrédients

1 portion

1/2 papaye, pelée et épépinée

Le jus de 1 lime; réserver une ou deux rondelles pour garnir

2 poires

150 ml (5 oz liq.) de lait de riz

Une pincée de gingembre moulu

Glaçons (facultatif)

Préparation

Coupez la chair de la papaye en morceaux et réduisez-la en purée avec le jus de lime au mélangeur ou au robot de cuisine. Coupez les poires en morceaux, ajoutez-les au mélange et réduisez en purée. Incorporez le lait de riz pour obtenir une préparation lisse. Versez sur des glaçons pour une boisson rafraîchissante. Saupoudrez d'une pincée de gingembre moulu et garnissez d'une ou de deux rondelles de lime.

Citron et raisins pressés

Simple à préparer, cette boisson se prend chaude ou froide. Rafraîchissante et nettoyante, c'est une façon parfaite de commencer la journée.

Ingrédients

1 portion

1 citron; réserver une rondelle pour garnir

100 g (3 1/2 oz) de raisins verts; en réserver quelques-uns pour garnir

Glaçons (facultatif)

Eau minérale refroidie (plate ou gazéifiée) ou eau chaude pour préparer environ 200 ml (7 oz liq.)

Préparation

Exprimez le jus du citron et des raisins. Versez dans un verre rempli de glaçons et remplissez d'eau minérale refroidie. Omettez les glaçons et versez dans un verre à l'épreuve de la chaleur si vous utilisez de l'eau chaude. Garnissez de quelques raisins et d'une rondelle de citron.

Fruits en délire

Les raisins, les poires et le melon sont hautement nutritifs, riches en vitamines et en minéraux et excellents pour renforcer le fonctionnement des reins. Vous pouvez remplacer les raisins par des pommes si vous le désirez; vous obtiendrez toujours une boisson délicieuse !

Ingrédients

1 portion

150 g (5 oz) de raisins (ou 2 pommes)

2 poires

1/4 de melon jaune

Glaçons (facultatif)

Gingembre moulu pour garnir

Préparation

Exprimez le jus des raisins, des poires et du melon (vous pouvez conserver l'écorce et les pépins !) et mélangez dans un verre, sur des glaçons si vous le désirez. Garnissez de quelques raisins et saupoudrez de gingembre moulu.

Repas liquide

Surveiller sa ligne ne signifie pas punir son corps en le privant de nourriture et de délices. Cela ne signifie pas non plus s'affamer ! Vous avez besoin d'énergie, de vitamines, de minéraux et de fibres et non des calories vides que contiennent les aliments préparés ou les aliments rapides. Ce repas dans un verre vous fournira tout ce qu'il vous faut pour satisfaire votre faim. Si vous l'aimez un peu plus sucré, ajoutez une orange à la préparation.

Ingrédients

1 portion

2 carottes

1/2 concombre

2 tiges de céleri

1/2 petite betterave

1 orange (facultatif)

Préparation

Lavez les légumes et exprimez le jus de la betterave, celui des carottes, celui du céleri et enfin celui du concombre. (Si vous désirez ajouter une orange, exprimez-en le jus aussi !) Mélangez les jus dans un verre et garnissez d'un bâtonnet de carotte, d'une tige de céleri et d'un quartier d'orange.

Merveille au melon

Si vous êtes toujours un peu grognon à la fin de la journée, évitez les goûters salés. Prenez plutôt ce jus réconfortant !

Ingrédients

1 portion

1/2 melon jaune

2 poires

Un morceau de gingembre frais de 2 cm (3/4 po)

Un brin de citronnelle ou de menthe

Préparation

Retirez la pulpe du melon, coupez les poires en morceaux, pelez et hachez le gingembre. Exprimez d'abord le jus des poires, celui du gingembre puis celui du melon. Mélangez les jus dans un verre et garnissez d'un brin de citronnelle ou de menthe. Sirotez lentement !

Index